传播新知 优美表达

沈从文传

时光不老，长河未完：

朱云乔 —— 著

北方联合出版传媒（集团）股份有限公司
万卷出版有限责任公司

ⓒ 朱云乔　2023

图书在版编目（CIP）数据

时光不老，长河未完：沈从文传 / 朱云乔著. —沈阳：万卷出版有限责任公司，2023.11
ISBN 978-7-5470-6322-4

Ⅰ.①时… Ⅱ.①朱… Ⅲ.①沈从文（1902-1988）-传记 Ⅳ.①K825.6

中国国家版本馆CIP数据核字（2023）第127467号

出 品 人：王维良
出版发行：北方联合出版传媒（集团）股份有限公司
　　　　　万卷出版有限责任公司
　　　　　（地址：沈阳市和平区十一纬路29号　邮编：110003）
印 刷 者：天津鸿景印刷有限公司
经 销 者：全国新华书店
幅面尺寸：145mm×210mm
字　　数：159千字
印　　张：8
出版时间：2023年11月第1版
印刷时间：2023年11月第1次印刷
选题策划：王会鹏
责任编辑：张竞文
责任校对：张兰华
版式设计：任展志
封面设计：任展志
ISBN 978-7-5470-6322-4
定　　价：49.80元
联系电话：024-23224081
邮购热线：024-23224481

常年法律顾问：王　伟　版权所有　侵权必究　举报电话：024-23284090

序言

"我明白你会来,所以我等。"

他在繁杂的城市中流连于故乡的山水,他在正当的年纪爱上了矢志不渝的女人,他曾与诺贝尔文学奖失之交臂,他在艰难的生活中以沉默和乐观对抗不平,他曾说"照我思索,能理解我;照我思索,可认识人"。他就是沈从文,一个真性情的人,一个为乡下高呼的人,一个充满悲剧和不幸的人,一个生前寂寥死后荣耀的文学家和文物研究家。

他随性。在好玩的时光里,他便肆意逃学;在求知的岁月里,他便专心学习;在躁动的年华里,他便大胆追爱。他将自己的一切,毫无保留地释放于天地之间。

他好奇。他用"乡下人"的眼光打量、用触觉感知这个世界。他渴望体验所有,所有的情感,所有的经历,这都是他最宝贵的财富、最难得的珍宝,多泅几次水是好的,多见几座山是赚的,多识几个人更是不得了的。

他纯粹。他的文笔,好似一切源于自然,源自湘西边地。方言俚语的大量入文,显得自然,却不粗鄙。沈从文亦视自己为野汉村夫中的一员，下笔饱含感情与尊重，将艺术加工的痕迹降至最轻，仿若白描。

沈从文充满传奇和才气的一生，伴随着一世的艰辛：几次政治运动，没有一次放过了他；同处的文豪作家，对他口诛笔伐，不甚理解；家人亲友的不满、学生的背叛。这一桩桩一件件，都让这个内敛、认真、腼腆、童真的作家变得忧郁和绝望。

即便这样，他也从没有堕落沉沦，即便丢弃了那耀眼夺目的文学之笔，他也能在文物研究学说上大放光彩，写下了《中国古代服饰研究》这一巨作。"不折不从，亦慈亦让。星斗其文，赤子其人。"他和我们一样只是一个被尘世折磨的凡人，不同的是，他用笔来表达自己的痛苦。他自始至终没有说过一个人的是非，也没有评过这个社会的黑白，他只是在临终前哀叹一句"我对这个世界没什么好说的"。

"我猜到你终会走，所以我不留。"

目 录

第一章 跳出藩篱，铁血世家的斯文少年

第一节 血液里的凤凰图腾　　　　　3

第二节 荣耀站在肩头　　　　　　　7

第三节 石板路上踏响梦想　　　　　11

第四节 跳出规则，跃出庸常　　　　14

第二章 灿烂光年，结识世界的另一张面孔

第一节 草木光阴　　　　　　　　　21

第二节 野孩子的疯玩时光　　　　　26

第三节 青涩世界观　　　　　　　　32

第四节 风吹醒了萌芽　　　　　　　36

第三章　从军岁月，青春里关于战火的味道

第一节　小城大事　　　　　　　　　　　45

第二节　故乡渐行渐远　　　　　　　　54

第三节　征途上的残酷月光　　　　　　57

第四节　焕乎，其文有章　　　　　　　61

第四章　绚烂天地，想去的地方叫作远方

第一节　转角遇见自我　　　　　　　　67

第二节　为新世界打上自己的烙印　　　73

第三节　有时爱情徒有虚名　　　　　　77

第四节　迈出决定性一步　　　　　　　82

第五章　力透纸背，胸膛里笔墨觉醒的力量

第一节　梦想在这里开出花海　　　　97

第二节　一相逢，便胜却人间无数　　104

第三节　不再沉睡的文学灵魂　　　　109

第四节　有一种味道叫同类　　　　　114

第六章　蓄势待发，被梦想的洪流裹挟

第一节　同行不相轻　　　　　　　　129

第二节　一个正当最好年龄的人　　　135

第三节　真正的赤子　　　　　　　　144

第四节　打磨文字的能量　　　　　　149

第七章　奋笔疾书，生命最旺盛的年华

第一节　边城，边城　　　　　　　　　　　159
第二节　步履不停，前方总有想看的风景　　164
第三节　忧愁那么远，又那么近　　　　　　178
第四节　在烈焰中浴火重生　　　　　　　　183

第八章　大音希声，沉默震耳欲聋

第一节　挥别喧嚣，重归从容　　　　　　　199
第二节　绿叶对根的回报　　　　　　　　　207
第三节　我尚年少，你未老　　　　　　　　220
第四节　心存感激，然后挥手道别　　　　　227

后记

第一章
跳出藩篱,铁血世家的斯文少年

第一节　血液里的凤凰图腾

一座青山抱古城，一湾沱水绕城过；一条深红的石板街，一排小巧的吊脚楼；一道风雨旧城墙，一座沧桑古城市；一个奇绝奇梁洞，一座雄伟古石桥，一个闻名世界的人……青山古城，四周峰峦叠嶂，各类鸟兽隐于林间，附近的箅子溪溪水明澈，水流欢急。据传，在小城的山上曾有一只九头鸟，姿态尤美，歌喉婉转，小城也因此有了一个美丽的名字——凤凰。

凤凰虽小，却是军事文化聚集之地。明清几百年间，此处设司、设镇、设道、设营、设厅，成了湘西的边关重镇。马王庙、凤凰阁、玉皇祠、大成殿、药王宫、武侯祠等各个庙堂皆坐落于此，因受了善男信女的追捧，香火长年不断。历史赋予了这座古城不一样的韵味，远山如黛，白雾横江，踏上洁净的青石板，每走一步都是一卷老得褪色的故事，每过一处都是一部流传千古的佳作。既然是文化圣地,自有名人出没。从古至今一直有"无湘不成军"的说法,据《清史稿》记载,官拜贵州提督,并被封为钦差大臣的田兴恕就是起于湘西乡勇组成的筸军。凤凰人在清代时官至总兵、参将、提督的不下三十人。到了民国,人数较多的有贺龙一个师,陈渠珍一个师。从辛亥革命到1949年,凤凰籍的将军达三十四人,其中中将七人,少将二十七人。而比较有名的就有沈从文的祖父沈宏富。

沈宏富从一个小小的兵卒晋升到湘西最高将领,但因不幸罹患疾病而英年早逝,只留下一身富贵名利,却无半个子嗣。按照惯例,这种情况下应从其近亲中过继一人为子,无奈其弟的乡下妻也未有生养,沈宏富之妻便自作主张从苗疆买回一女子,苗女前后为沈家产下二子,老二被过继给沈宏富,即沈从文之父——沈宗嗣。

1900年5月的一个凌晨,英、美、法、俄、日、意等国的二十四艘军舰齐聚中国大沽口外。眨眼间,大沽口炮台便淹没于一片浓烟和火光之中,侵略军纷纷拥向炮台,刀枪剑戟,扑向古老而富饶的天朝上国。刹那间炮火轰鸣,硝烟弥漫,遮云蔽日,惨不忍睹。此时此刻,大沽守将罗荣光正焦急地等待着援军的到来,前一天他就收到了敌方的最后通牒,限其于今日凌晨交出大沽口炮台。罗荣光立刻把将士们调往战斗的前沿,并火速求援。硝烟之下,清军虽有损失,但尚可一战,只是等了许久,除了闻讯赶来的义和团外,官军迟迟不见踪影。

罗荣光愤怒地挥动战刀,开始进入激战状态,杀红眼的八国联军潮水般一批又一批冲向大沽口的守军。血红的霞光在渐渐消退,双方就这样死死对峙着,战场上累累的尸体残骸和战车辎重丝毫没有减弱攻击的强度,战士们奋不顾身往前冲,鲜血四处飞溅。炮台的防卫力量在持续减弱。而这个时候,北京城的权贵早已纷纷各自逃命去了,谁也不曾关心过在大沽口还有一批将士在用自己的血肉拼死拒敌于国门之外。经过六个小时的鏖战,大沽口炮台终究是失守了。

如墨的夜色中,一群衣衫破烂的残兵败将匆匆向后方撤退,他们的脸庞已经被炮火熏得发黑,脸上露出绝望的神情,大家不断地在岔路口分别,各自逃往家乡。在这群人里,有一个年近三十军官模样的人。他身材魁梧,脸上的炮火印迹丝毫掩不住眉宇间的英武之气,目光如黑水般的忧郁,脚步虽踉跄却没停止,匆匆地向前走去。这个人,便是沈宗嗣。

沈宗嗣追慕其父沈宏富生前死后的荣光,自小就发奋习武,梦想像父亲一样,将来做个令人仰慕的大将军。大沽口失守以后,他辗转回到了沈家大院,平时为了欣赏把玩而带在身边的一些值钱的宝物也丢了。这些宝物的价值约是沈家家业的一半之多,为此,他一直觉得很对不起妻子黄英。黄英是个极聪明贤惠的女子,虽瘦小,却不同于其他家庭妇女。她出身于书香门第,既会识文断字,还略通医道,而且能干果敢,和沈宗嗣有很多共同语言。丈夫回来后的这些细微变化,她都看在眼里,平日里便很少和他念叨家里的经济事务,以免他心烦。时间就这样一天天往后翻去,一晃,距大沽口失守也已过去了两年。

1902年12月28日早上，婴儿的哭闹声响遍了沈家宅院，家里上上下下都沉浸在添丁的喜悦中——沈岳焕，也就是后来的沈从文出生了。在后世的描述中，文豪名士的出生，总是伴随着文曲星降世的光芒万丈。沈从文的出生，也有"异象"相生。因祖居林峰乡中寨，坊间流传沈从文是蛇精投胎。据说他出生的那天晚上，有人看见林峰乡中寨那棵几百年青叶树有条大蟒蛇缠绕，通体金光闪闪的。第二天清早，凤凰城沈家来报信说添了一个男丁，所以林峰乡中寨人都叫沈从文的小名——"蛇崽"。天有异象也好，子虚乌有也罢，这些都是后话。

　　初到人间的沈从文还未真真切切地看一眼这五光十色的世界，光耀门楣的重任就已经落在他的肩上。他似是早已懂得了这重任似的，不安分地哭闹着，两条胖乎乎的小腿使劲儿地乱蹬。沈宗嗣抱着结实的小男婴，怜爱和喜悦让这个在战场上纵横驰骋的将士也不自觉地暖了心怀、展了笑容。他笑得爽朗而舒畅，为儿子起名"岳焕"。自此，这个古镇里的名门世家又一次有了振兴的指望和寄托。

第二节　荣耀站在肩头

与斯斯文文的哥哥沈岳霖相比，小时候的沈岳焕不仅长得健康结实，还继承了父辈们聪明好动的特点。但凡大人们教他一点儿什么，他总是一点就透，记忆力还非常好。这自然使得沈宗嗣对这个刚出生不久的小儿子更加宠爱，希望他可以秉承沈家先辈的遗风，日后能够成长为一名出色的将领，重现沈家家族的辉煌和荣耀。

沈家上下都知晓沈宗嗣对小岳焕的偏爱。因此，家里的男仆女佣一见到沈岳焕便眉开眼笑，左一个"二少爷"，右一个"小祖宗"地喊着，众星拱月般将小小的沈岳焕捧上了天。全家老少也只有母亲黄英对孩子们都一视同仁，不愿对小岳焕过分地宠溺，冷静而尽心地培养着她的每一个孩子。沈从文后来也曾在自己的自传中承认，自己的气度得于父亲影响的较少，得于母亲的则较多。沈宏富之妻,也就是沈岳焕的祖母,在沈岳焕出生后四个月就罹患疾病去世了,还在襁褓中肆意玩乐的沈岳焕就这样早早地失去了一个可以庇护他的亲人。此时懵懂的他,不懂得什么是生离死别,大悲大痛,对祖母的离世没有什么深刻的印象。

后来,沈岳焕的外祖母住进了沈家大院。此时的沈岳焕已经四岁了。他每天在家里就像一头健壮的小牛犊一样跑来跑去,两个小脚丫总是蹬得地面"咚咚咚"地响——仿佛浑身都是劲儿。母亲黄英觉得是时候教沈岳焕识字了,不能让他整日如此疯玩下去。她只要将家里的大事小情一忙完,就会立刻招呼小岳焕学习识字。每每这个时候,他都会非常听话地坐在小凳子上或者母亲的腿上,模仿母亲的口气一遍遍念那些漂亮的方块字。渐渐地,母亲教会了小岳焕识字、识药名,也教会了他男孩子应有的决断。

小岳焕在一天天的学习中进步飞快,不知不觉就能认识好几百个字了。这样傲人的成绩简直让全家乐开了花。用人们也会时不时地坐在一起谈论这位二少爷,他们都断定沈岳焕将来一定会和他的祖父沈宏富一样,成为吃朝廷俸禄的大将军,是个可造之才。这些称赞慢慢地传到了沈宗嗣的耳朵里,平日里克己沉稳的他,心里其实比大家还要欢喜,尤其对沈岳焕识字这件事甚是赞赏。自大沽口惨败之后,他深深地领悟到文化知识对日后领兵打仗起着极其重要的作用,儿子将来要想成大将军,重振家族的荣耀,就必须文韬、武略二者兼备。

大家的夸赞更加激起了小岳焕学习的热情，因为就连平时不大走动的外祖母也会趁着小岳焕识字的时候过来递给外孙一块儿点心、一颗糖果，表达对外孙识字的夸奖和鼓励。其实，记下这些形状各异的方块字对于天生聪慧的小岳焕来说本就是很容易的，他耳听着大家对自己的夸赞，嘴里吃着外祖母给他的点心和糖果，心里乐滋滋的，对学习的兴趣也就越来越浓厚了。

有人说，生活就像一场波澜壮阔的旅行，时而春花秋月、风平浪静，时而路途艰辛、波涛汹涌。一场灾难正在悄然地逼近。六月里酷热难耐的一天，六岁的沈岳焕和他四岁的弟弟忽然同一时间出了疹子。那个时候，小孩子出疹子本就是危及生命的一件事，更不要说这两个小兄弟此时此刻还身在偏远闭塞、医疗水平十分有限的湘西山区了。

沈岳焕和弟弟两人的脸蛋都烧得通红，连续好几天高烧都退不下去。沈岳焕感觉自己的身体一点儿力气也没有，并且慢慢失去了意识和知觉，他只知道自己的身体忽冷忽热，忽重忽轻，简直难受极了，却又不能躺下睡觉，一躺下就咳嗽发喘，还不能被人抱着，因为抱时全身便愈加难受。渐渐地，小哥俩甚至连水都喝不下了，沈父沈母在悲恸之余不得不早早为两个孩子准备好了两口特制的小棺材，并命令下人将沈岳焕和弟弟用竹席子严严实实地卷了起来，将他们连同竹席子靠在墙角的阴凉处。大家都在绝望而煎熬地等待着小岳焕和他弟弟的最后一刻。

也不知道过了多久,沈岳焕忽然睁开了眼睛,他发现自己被卷在竹席里之后,就开始试着动弹和发出声音来。虽然他依然没有力气,动作微乎其微,叫出来的是一种极其虚弱的、低低的声音,但这一切让沈岳焕明白,至少他又可以支配自己的身体了。沈岳焕旁边弟弟的竹席子也紧接着发出了更大的动静。不久,家里的用人们也发现了兄弟俩的变化——两个孩子居然十分幸运地活下来了!

第三节　石板路上踏响梦想

高大的仓房中间挤出了一条细长的石板路,沈岳焕穿着母亲新做的布鞋跟在父亲沈宗嗣的后面,小巧的布鞋踩在光滑的石板路上发出"吧嗒吧嗒"清脆的声音,声音沿着巷道一直向外散去。

这一天是小岳焕第一次上学,尽管不知道等待他的是怎样的学生生活,但他心里隐约明白自己将接触很多新鲜的人和事,这让他感到十分兴奋和激动。教书的杨先生原是他的姨夫,师母和他母亲黄英是姐妹,而杨先生的女儿就是他的表姐。杨先生穿一身长衫,瓜皮帽下露出一根小辫子。他教书的学堂就设在他做事的衙门里,学堂里一共有十六个学生,除了沈岳焕认识的自家亲戚,剩下的他看着竟也眼熟。见到杨先生,父亲沈宗嗣立刻催促儿子给先生行礼作揖。小岳焕被领到学馆里所设的孔子牌位前进行正式的入学礼仪，也就是对着孔老夫子的牌位跪着磕了三个重重的响头，接着又转身给姨夫杨先生磕头。

尽管大难不死，但是出完疹子之后，沈岳焕从前强壮的小身板开始变得瘦弱，发育的速度也减缓了，也就是说，沈宗嗣想要把儿子培养成一代名将以重振家风的希望是落空了，这让沈宗嗣很是烦恼了一段时间。不过，幸好沈岳焕还有一个聪明的小脑袋，现在也算上了学，虽然成为不了将军胚子，但读书怎么说也是通往成功的一条希望之路，因此，回到家以后，沈宗嗣简直比儿子还要激动，他的内心重新燃起了信心和希望，断定儿子将来会做比当大将军更加有出息的事情。

对于这个时候的沈岳焕来说，上学读书毫无压力，他只需要读上个十遍左右，就能够快速而准确地记住杨先生规定他和同学们要背诵的《幼学琼林》《包句杂志》等文章。并且，即便是他偶尔出现了小失误，背诵中出现了小磕巴，杨先生也不会像对别的同学那样狠狠地处罚他，这当然是因为杨先生是他姨夫这层关系。课程不吃力，此时的小岳焕也未能领会到父辈的希望，因此，他也并不知道自己该为了这份希望去刻苦和发奋。

学馆里坐在最后一排的是田大脑袋。沈岳焕入学后，杨先生就安排他和田大脑袋做了同桌，这让沈岳焕着实厌烦了好久。因为在他的印象中，尽管他说不清楚他家和田大脑袋家究竟有什么不和，但是他就是不愿和田大脑袋亲近，而且这个人还老是摆出一副学长的架势，想要来欺负他，所以他一见到这个人就感到十分厌恶。好在这种状态并没有维持很久，因为田大脑袋很快就发现沈岳焕是个功课很好的同桌，他以后学习方面需要帮忙的地方可多了去了，所以识趣儿的田大脑袋立刻就放下了学长的架子，两个人的关系也因此而缓和了许多。

那个时候，私塾教育只偏重督促学生识字背书，至于学生是否真正领悟了书中文句的意义，那就不在先生的责任范围之内了。先生如果高兴，也许会主动给学生解释一下；先生如果不高兴，就会把脸沉下来说"书读百遍，其义自现，你自己多读读就明白了"。先生们一代代地这样教，学生们也就这样一代代地学，似乎从来没人想过这种教育方式是不是有什么问题。"在这个世界上，所有真性情的人，想法总是与众不同"，好奇心强的沈岳焕就遇到了这个问题。某一天上课，照例又是背书，排在沈岳焕前面的几个学生都背得不是很好，这让杨先生十分恼火。等到沈岳焕的时候，他倒背如流，这才让杨先生稍微满意地舒了一口气。他告诫别的学生念书就应该像沈岳焕一样，只有用功才能记得住。

这个时候，沈岳焕却突然说道："但是先生，您可以告诉我们书中所讲的'君子周而不比，小人比而不周'是什么意思吗？"杨先生意外而诧异地盯着突然发问的沈岳焕。过了许久，他悻悻地甩手离开了课堂。杨先生没有回答沈岳焕的问题，只剩下沈岳焕和同学们呆呆地站在学馆里。

第四节　跳出规则，跃出庸常

通往学校的那条细长的石板路是沈岳焕平时最喜爱的一个地方，因为这里种着许许多多的杨柳和花草，仓库底下还会跑着一些小花兔，沈岳焕和同学们在学馆背完书以后都会到这边来玩一小会儿的。然而今天，走在这条石板路上的沈岳焕却始终无精打采的。他拎着书篮子，低着聪明的小脑袋自顾自地走着。

原来，尽管姨夫杨先生还是常常会在同学们面前夸奖沈岳焕聪明、学习出色，但是他已经一点儿也感觉不到这样学习的乐趣了。每日清晨温书、写字、读生字、背生书和先生指定要背的文章后散学。待吃过早饭，继续回到学堂写大小字、读书、背诵全读过的书和先生指定要背的文章。过午之后又开始读生书、背生书和先生指定要背的文章、讲书、发字然后认字放学。

一天一天又一天，每天都是一样的学习模式，把该记住的字记住，把该背的书背完，这难道就是学习的意义吗？这样枯燥无趣的学堂生活真是糟透了！

沈岳焕想知道"周而不比、比而不周"是什么意思，想知道铁为什么会生锈，想知道为什么鸟儿会飞但是人却不会……可是这些他在书本和杨先生嘴里都找不到答案。恰在此时，沈岳焕跟从了一个张姓的表哥和其他几个高年级学生，开始变得顽劣，掌握了对付私塾先生的办法——逃课。这位张姓表哥带着沈岳焕逃避书本去同外面的大千世界相亲近。他还告诉沈岳焕如何说谎以及圆谎：对付私塾要说什么谎话，对付家里又该怎么圆谎之类。那个时候，为了防止学童们私自下河玩水出现危险，每天中午散学的时候，杨先生都会在每个人手心里用红笔写一个大字，但是沈岳焕的这位表哥却带领他们将写了字的那只手高高举着下河水，照样可以在水里泡半天还不被学校发现。

沈岳焕跟着这位表哥到水边、橘柚园、城外山上以及各种野孩子堆里到处去玩。习惯了逃学之后，沈岳焕便开始想方设法地逃学，将私塾里的学业完全抛到脑后，什么也不再关心了。但纸包不住火，沈岳焕一而再再而三地逃学并且说谎来躲避其逃学应受的处罚，这让杨先生一气之下终于告到了他的父亲沈宗嗣那里。听到这一消息的沈宗嗣怎么都无法相信，他一向引以为傲、寄予厚望的儿子竟然逃学撒谎，内心的失望和伤心演变为了嘶吼和暴怒，他大声命令下人拿他的军刀来，扬言要砍掉沈岳焕的一根小指头。幸亏沈岳焕的母亲黄英及时制止了他，最后只是罚沈岳焕到堂屋里跪香，让他好好反省一下自己的行为。

沈岳焕独自一人跪在沈家大院的堂屋中央，面前的案几上一尊铜制的小香炉里直直地插着一支檀香，香的顶端飘着一缕缕细细的烟雾，并慢悠悠地上升、扩散、消失、再上升……周而复始，半天才只烧掉了那么小小一截。隔壁的自鸣钟发出"嗒嗒嗒"的声音，在寂静的堂屋里显得异常清晰。他脑中飞快地闪过刚才父亲暴怒的脸庞和失望的眼神，加上此刻生疼的膝盖，他心中不免生出一些后悔来，但一转念想到逃学时的酣畅快乐，沈岳焕又觉得自己也没有那么错。他不理解父亲为何一定要逼他去那死气沉沉的学馆，背那几本枯燥无味的书，他多么渴望外面五光十色的世界！其实，古城里的一街一巷、一花一树，难道不就是一本本生动有趣、取之不尽的奇书、益书吗？到河边去，看着那流动的清波；到山上去，看看那微颤的树叶，这难道就没有认识世界的快感吗？

想到这里，沈岳焕觉得此刻打发时间最好的办法，不是反省自己，而是回忆那些美好的逃课瞬间。他想起很多有趣的事。那段日子里，天空才刚刚露出鱼肚白，沈岳焕就和几个小伙伴在街上会合了。他们总是先到小食摊上吃一碗热乎乎的猪血豆腐，以祛除清晨的寒气，然后又到杀牛场上去看杀牛。也许是受了大人们的影响，湘西的细伢子们从小好勇斗狠，不怕流血，如果连屠宰场都不敢去，那一定会遭到同伴的耻笑的。所以他们压根就没有把那些牲畜临死前的哀号和满地的鲜血放在心上。

看完了杀牛,他们又去捉大蛐蛐,或者去衙门看士兵们操练。有时候看得起劲儿了,他们还会模仿着士兵们的架势干上一场,不斗个人仰马翻绝对不罢休。想到这里,沈岳焕忽然又念起了凤凰城门口的小食街,因为跪得太久了,肚子都饿了,他开始想念那个把牛肉炖得又烂又香的牛肉张,想起了那些好吃的柚子、梨子、草莓,想起了糯米灌肠、碗儿糕、猪血绞条……沈岳焕就这样跪着,顺着自己爱吃的东西一直想了下去。不知觉间,一支香就这样烧完了。

第二章
灿烂光年,结识世界的另一张面孔

第一节　草木光阴

沈从文后来回忆说，自己幼年的生活乐趣大多都是从凤凰这个五彩缤纷的小城世界中获得的。凤凰城那浓厚的乡土风韵，它的大街小巷、一草一木都令他终生难忘。那时在沈老的眼里，红尘的纷纷扰扰都是干净、纯粹、潇洒的，那是一部真正的"思无邪"，喜欢它，理所当然。

沈岳焕热爱着凤凰小城。他爱它纤细悠长的石板路、亲切热闹的街景、城里碧波荡漾的清泉以及家家户户围墙里伸出枝条来的花果树。一年四季，它们都有着不同的美，春天桃花艳丽、梨花清雅、杏花芬芳，夏天又是清一色的令人神清气爽的绿，到了秋天就更好了，橘子、梨子等沉甸甸的果实压着满树枝条，偶尔他也会和小伙伴们逃学来偷果子吃，摘下一个橘子，掰开一瓣果肉放进嘴里，甜丝丝的，满口生香。小小的几株花果树就把小城装扮得如此朴实秀美，当真让人回味无穷。

凤凰城的一半都坐落于山坡上，城里的人们从石壁上凿出了一个个像壁炉一样的水池，然后用竹子做成的长把勺儿从水池子里舀水饮用。随着年月的深入，泉水池的四周渐渐长满了绿幽幽的小草，装点了一池子的泉水。只消闭上眼睛，沈岳焕就可以在脑海里回忆起城里他最最熟悉的那些大大小小的伞铺、剃头铺、冥器铺、针铺、金银铺、染布坊、皮靴店、豆腐坊等。伞铺小小的房梁上总是挂满了各式各样、各种颜色的好看的伞，透过敞开的大门，可以看见里面忙忙碌碌的学徒们；剃头铺子里，让理发的老师傅给他刮胡子的人总是一动不动地在手里托着一个大大的木盘子；针铺的门口总是坐着一位老人，头发花白，戴着大大的老花镜在那里专心致志地磨针，每次看见她，沈岳焕就会想起李白的那句"只要功夫深，铁杵磨成针"，于是每每都要驻足观看和赞叹一番，心里满是敬佩。

在染布的作坊里干活儿的都是些身强力壮的苗人，因为这种工作也是十分危险的，他们必须站在月牙儿般的凹形的高高的石碾上，两只手扶着墙上的横木，两只脚则一左一右地摇荡着，而只有这样才可以令石碾把布碾得又平又匀。而在豆腐坊里做豆腐的则大都是些腰肢健美、牙齿洁白的苗族妇女。她们总是穿着镶有五彩花边的围裙，用发光的铜勺子舀取那清香美味的豆浆，头上扎的是高高的花帕子，身后绑着自己的小宝宝，闲着没事或是心情愉悦的时候，她们便会轻轻地哼起优美的歌谣，让路过听到的人也感到非常的舒心。

当然,能让沈岳焕每每驻足流连的还有扎冥器、出租花轿的铺子。他每次路过那里的时候总会久久地站在一边儿看人们涂颜色、贴金纸。这些铺子里总是常年摆着金童玉女、鱼龙轿子、黑白无常还有蓝面的阎罗王等冥器,样式和数量都很少会有大的改变。皮靴店里的老板胖胖的,天热的时候,他总是露出他那又大又黑的肚子,肚子上一撮黑毛随着他的呼吸一动一动的,有趣极了。过了县衙门再往前走是一家卖面条的小馆子,每天早上,做面条的大师傅总是在头上包着青色的帕子,浑身都是面粉地骑在一根木杠上面碾面皮儿,待面皮儿碾好以后,他又会操起一把宽宽的大刀切面,一连串动作如流水一般干净利落,然后面条就被做出来了。

过了面条馆子接着往前走,还有屠宰场、打铁铺、编草席的……简直就是一幅生动的长篇风俗画。五光十色、丰富又真实的民间生活令沈岳焕真切地认识和了解了劳动人民的朴实,这也为他后来的文学创作积累了非常宝贵的生活素材。正是他与这故土割舍不清的羁绊,才使得他后来描绘出了一个令人难以置信的奇异的世界,爽朗侠义的民风,快意恩仇的争斗,缥缈而深邃的爱情……但是此时尚在孩提时代的小岳焕并不懂得他逛街游玩时对这个小城的自然风光和人文社会的观察体验,竟然会对他将来的人生产生那么大的意义,不懂得这就叫作热爱生活。

他只知道,这些比毫无生气的学馆要有趣得多。他想也不想就一头扎进了这大千世界,在这自然灵动的世界里,他游戏、观察，既锻炼了身体和胆量，又增长了见识，还有比大自然更伟大睿智的老师吗？还有比这种学习方式更令人愉快的吗？

出了小小的凤凰，迎面而来的就是那温和悠缓的沱江水了。柔和皎洁的月亮含羞升起，高高地挂在凤凰古城的上空，照亮了虹桥，照亮了沱江，也照在了熙熙攘攘的湘西人的头顶上。沱江两岸璀璨的灯火姹紫嫣红，把江水衬托在粼粼波光中。上游的江水里有鲜嫩美味的鲫鱼、鳜鱼以及一些小鲇鱼，所以沈岳焕他们有时还会到这里来钓鱼。上游的对岸是一片苗人们开的菜园子，岸边的滩头总是晒满了白布和青菜。还有一些妇女会在那里洗衣服，在流水中用木杵捶打衣物，"梆梆梆"的捣衣声碰撞着古城的城墙，城墙又发出敦实的回声，与岸边接着传来的捣衣声响成了一片。

沈岳焕他们常常跑到江边去玩耍，一旦看到哪家的渔船无人照料，他们势必要恶作剧地跳上船去将船划到河中心去，等一会儿船主人回来了，如果他是平和、讲道理的船主，他们自然也就老老实实地把船划回岸边交还给人家，然后各自跳上了岸，让那船主上船回家去；但如果他是性子暴躁的船主，或是一看见自己的渔船被划走了，就会站在岸边大声地喊骂出许许多多威胁恐吓的粗话和野话的人，他们便一边还嘴一边把船划到下游去，任那船主在岸上怎么喊骂都不去管他，到了下游就把船往河岸上一扔再不理会了。

当然，也有沈岳焕他们刚刚上船坐定，船主人就追上来的时候。那就要有几分经验才行了，因为船主会站在船头故意地用身体左右来回地摇晃小船,如果是没有经验的小孩子,定要因为担心自己的身体会掉到水里而吓得大哭。可他们作为有经验的主儿,知道船是绝对翻不了的,所以任凭船主人把船弄得怎样颠簸,就是稳稳地坐在船里,一声不吭,既不恶声和那船主对骂,也不认厌向船主求饶,就这样子坚持一会儿以后,船主人也就知道自己用这法子吓不住他们这些调皮鬼了,自然也就停止了摇晃,把手叉在腰间抱歉似的看着沈岳焕他们,让他们明白他的这种行为不过是一种恶作剧似的玩笑罢了。

沈岳焕也常常在清晨的时候独自来到江岸徘徊。此时的江水上升着阵阵烟雾,让他觉得仿佛这江水竟是热的。雾气之下的水面显得更加宁静清远,这让他的头脑更加清醒,也更能体会到一份独有的意境。时光似乎遗漏了这里,它停滞在了这个地方,一同停滞的还有最原始的情感冲动。它催促你接近它,让你也喜欢轻柔地去触摸那种古老,仿佛在穿越一条异常古老而寂静的路。

有时候,他甚至想逆流而上到江水的尽头,去看看那里究竟是怎么样的景象。等阳光驱走了水面的烟雾,划船的人们唱起悠扬的歌,不知名的小水鸟儿们扇动着花纹鲜艳的小翅膀扑棱棱飞起来,他的思绪就又被拉回到这现实生活里来了。啊,这就是他现实生活的地方,他美丽的家乡,他可爱的凤凰!

第二节　野孩子的疯玩时光

在码头的时候，沈岳焕结识了做烟草生意的吴三义铺子里的少老板吴少义和他的弟弟吴肖义两兄弟。沈岳焕认为他们了解很多自己不知道的东西，因而十分钦佩他们，也非常喜欢约他们一起玩耍。

有的时候，沈岳焕会约上吴少义、吴肖义一起到牲畜场去逛。在牲畜场里，有很多各类各样好看的小狗、小猪、小牛、小羊等，它们通过码头的船只被运来这里卖。这些牲畜的旁边往往站着一个戴着大牛角眼镜的经纪人，对那些不打算买牲畜只是来这里闲逛的人——像沈岳焕他们，经纪人就不允许他们去随意扳动小牛头上的角，当然更不允许他们骑了。但是假如这些小牛已经被某个人买了去，沈岳焕他们倒也是可以上前与这人攀谈，以试探他新买的牛的脾气为理由摸摸小牛，甚至戏弄一下小牛都成。从牲畜场回来,吴少义和吴肖义还会邀了沈岳焕一道儿吃狗肉去。吃狗肉有一种内行的吃法,就是必须一面用筷子将已经切成小块儿的狗肉夹着涮一遍盐水辣子,一面拿着土苗碗来抿着苞谷烧,但是如果此时不喝酒,倒也算不上什么丢脸的事情。

有一次,年龄稍大些的吴少义提议他们应当每个人喝一两酒才行,吴肖义和沈岳焕都欣然地同意了,结果三个人都喝得脸红红的,头也发晕,无法照料自己。这是沈岳焕第一次吃酒。但即使是喝成这样摇摇晃晃的样子,这三个人还偏要拖着彼此到鸡场去看鸡,这边瞧瞧,那边看看的,觉得哪儿都很新奇。那些小鸡仔们是极可爱又惹人怜爱的小东西,它们只有拳头般大小,像一个个黄色的小绒球一般在笼子里"啾啾啾"地叫着,丝毫没有停下来的意思,只有被人拿起来捧在手心里才肯安静一会儿,像是得到妈妈安抚的孩子一样乖巧和满足。时间长了,它们甚至想要在人的手心里闭上眼睛睡一会儿呢,只要不放开它们,它们简直愿意一辈子都这样待在人的手心里,绝不离开。

少年们当然只是瞧瞧,绝不打算将这些鸡仔买回家的,但卖鸡的那些妇女是做生意很有经验的主儿,她们故意拿话来逗弄沈岳焕他们,讥讽他们只是来赶场看鸡,并没钱买。这种嘲笑一下子就激起三个孩子的傲气,于是就非买不可了!就这样,吴家兄弟一共出了十四个铜板,买回了五只小鸡仔,连笼子都买了下来。他们找来一根细细的棍子,把它穿过鸡笼顶上的小藤圈儿作为抬杆。吴家兄弟俩一人一边抬着笼子,沈岳焕就在前面给他们俩开路,三个孩子兴高采烈地装成是唐僧师徒要去西天取经的样子一边走一边闹,一会儿他们蹚过了"流沙河",一会儿又路过了"盘丝洞",总之花样百出。

吴家兄弟先到家了,吴少义特地从五只小鸡里面挑了一只黑色大嘴巴的公鸡分给了沈岳焕,剩下的四只他和弟弟一人各两只。沈岳焕非常高兴地接受了小伙伴赠送的这只小黑鸡。时间还早,沈岳焕跑回到土地堂取回他在庙主那里存放的书篮子。书篮子很大,绝对可以把小黑鸡放在里面,但是他偏不,他小心翼翼地把它捧在怀里往家走去。小黑鸡因为失去了小伙伴,在沈岳焕的怀里"啾啾啾"地叫唤个不停,让人觉得它孤零零的,可怜极了。小黑鸡的叫声引得街上的小孩子们纷纷朝沈岳焕这边看过来,这让他感到十分得意。

不知不觉走到了家门口,这时候沈岳焕开始犯了难。如果他直接抱着小鸡进家门,有人问起小鸡是哪里来的,他若实话实说是吴家两兄弟送的,别人再接着往下盘问,那他逃学的事情岂不是就败露了,到时候又免不了杨先生和父亲的一顿惩罚。怀里的小黑鸡可不懂得沈岳焕心里的顾虑,自顾自地"啾啾啾"叫着。这时候沈岳焕特别期盼着能有个什么熟人这会儿来他家里做客,那样他和客人一道进门去,碍于面子,就算父亲发现了他逃学的行为,顶多也就责备几句罢了。虽是这么希望,哪里又会这样巧,刚好有人来自己家里做客呢。沈岳焕在家门口徘徊了好半天,终于泄了气,并且,他突然想到更严重的问题,他这样在街门口待着极有可能被同学们撞见,然后明天到先生那里告他的状，如果那样的话，他的麻烦就更大了。

算了！他心一横，硬着头皮跨进了沈家的大门。在推开二门的时候，他先把小鸡从门缝里塞了进去，以打探院里的情形，没想到小黑鸡反而径直往院子里跑去了，沈岳焕暗道"不好"，赶紧丢了书篮子，进了二门去追小黑鸡，因为他若再不进门去，只怕小黑鸡就要被家里的大黑鸡给欺负了！

沈岳焕正满头大汗在院子里捉小鸡，他的姐姐在屋里听见小鸡叫就跑了出来。得知这小鸡是从吴少老板那里得来的之后，姐姐就和沈岳焕蹲在地上一起欣赏起小黑鸡来。过了一会儿，姐姐站起来去给小黑鸡准备睡觉的东西去了，沈岳焕则去见母亲黄英。幸好，母亲根本没有怎么过问他的小黑鸡，他知道，这次逃学的事情差不多又算是糊弄过去了，他简直不能忍住内心的狂喜。然而，接下来发生的事情却证明他还是高兴得太早了，因为过了一会儿姑姑和奶娘就跑过来告诉他说父亲回来了，让沈岳焕过去见他——逃学的事情终究还是没能瞒过父亲的耳目。

此时沈宗嗣对这个已经习惯了逃学的二儿子早已渐渐地失去了信心，失望之余，他将光宗耀祖的希望转而寄托在了和沈岳焕一起闹过疹子、病愈后被托付给一位苗族妇女喂养得很是结实健壮的弟弟沈荃身上。父亲态度的改变带来的是全家人对沈岳焕的冷淡，他再也不是那个被众星捧月般的二少爷了，充其量不过是个只会逃学的野孩子。沈岳焕自己倒并不在意这样的变化，他原本也就不懂什么光宗耀祖，他渴望快乐的生活，渴望追求玩耍的欲望和权利，他渴望通过玩来了解生活，了解他所在的这个世界。学馆里的那几本"圣贤书"根本无法为他提供任何鲜活的知识和体验，他要依靠自己的力量去寻求自然和社会的谜底，而不是呆呆地坐在学馆里，背诵那些他认为毫无用处的古书。

到了南边的院子里，沈宗嗣只对沈岳焕呵斥了一句"跪下"，随后只兀自转身坐下抽他的水烟袋。沈岳焕胆战心惊地跪在地上，他知道父亲此时很愤怒，也明白这时候姐姐、奶娘和姑姑她们一定都在窗外留意着他们这屋的动静，万一事情闹大了，她们定要冲进来不顾一切为他求情的。沉默，只有沉默，仿佛没有尽头的沉默。沈宗嗣一言不发地抽着烟，烟雾掩住了他脸上细微的神情。沈岳焕想开口说点儿什么来打破这种寂静，他心里也明白自己的错处，既然父亲不说话，他也不敢先开口，就这样僵持着。终于，沈岳焕看着久久默不作声的父亲，忍不住呜呜地哭了起来，他有些委屈，也有些悔恨了。

就这样过了一会儿，沈宗嗣才对脸上挂着泪珠儿的沈岳焕露出了平日里非常罕见的慈爱的笑容。尽管接下来沈宗嗣还是严厉地教训了沈岳焕一番，但是此次他并没有过多纠结儿子逃学的事情，而是告诉儿子，即使不爱读书，以后也可以有其他的人生选择，他会尊重孩子的选择。但是，撒谎是万万不能的。沈家的孩子要保持诚实的品性，这才是安身立命的做人准则。听到父亲这么说，沈岳焕刚刚还备下的一肚子谎话此刻全没了用武之地，他只觉得自己仿佛重新认识了父亲。这个小小的倔强少年仿佛一下子懂得了父亲,他内心深处感到深深的悔恨和不安,只觉自己不懂事,居然又呜呜地哭得更厉害了。

父亲告诉他,男儿有泪不轻弹。如果觉得自己有错,不要哭,而要落实到行动上去。好好睡一觉,第二天起改正坏毛病。窗外的人听到这里,赶紧应和着,让沈岳焕快给父亲磕头认错。在回屋的路上,沈岳焕低着头,小声抽泣着。天上的月亮似乎更加明亮了。

第三节 青涩世界观

沈岳焕依旧会逃学，并且已经俨然一个逃学的行家了。他和那些同样不肯安心在学馆里死读书的孩子们一起逃出学堂，三个一群五个一伙地四处游荡，想上哪里去就上哪里去，河边、树林、田野，想玩什么便玩什么，采花、放风筝、钓鱼、游泳、捉蛐蛐等。如果一时没有什么可玩的，他们就干脆跑到庙门口或者大树下美美地睡上一觉，活像是一群无人管束的、脱缰的小野马。但是，沈岳焕告诉自己以后要做个诚实的孩子，不要轻易说谎。他也知道，其实父亲已经默许了他的这种行为，于是反而轻松了许多，彻底沉浸在童年无忧无虑的疯玩时光。

有时候，他们如果远远看见了另一拨伙伴，就会兴奋地高声呼喊对方，哪怕是隔着山谷或者河水。他们的喊声混合着对方的回应声，总是会惊吓到林间的动物们，尤其是那些胆小的野兔子。沈岳焕可是最喜欢看这些野兔子逃窜的,因为它们跑起来的时候总是把屁股一撅一撅的,短尾巴下面的白毛一闪一闪的,有趣极了。其实这是野兔子在遭遇险情的时候呼唤同类的一种表现,而那些跟在母兔子后面逃命的小兔子们也是只有时刻跟紧前面母兔子那一闪一闪的白尾巴才不会跑丢。

有一天,沈岳焕和他的好朋友花灿等人相约一起去看宰杀黄鳝,地点是曾经在沈岳焕他们家当过用人的岩宝家里,也正是这一缘故,沈岳焕他们才能够尽情地观看岩宝宰杀黄鳝的全过程,若换了别的孩子们,岩宝就不会这么和气了。

岩宝宰杀黄鳝有一套完整的动作,而且每一次岩宝都完成得如同行云流水般,十分灵便,这是沈岳焕最佩服他的地方。别看那些黄鳝滑腻腻的,但只要岩宝一出手,立刻就能从盆里抓出一条来,动作快如闪电还极其精准,令人忍不住为他叫好。将黄鳝抓出来以后,岩宝就会把它的脑袋在水盆边儿上狠狠地磕一下,然后将它的脑袋钉在案板上的钉子上,此时的黄鳝已经失去了意识,只能任凭岩宝将它的肚子剖开,将骨头剔掉,然后被切成一段一段的放在碗里面,这一整套宰杀黄鳝的动作就算完成了!这个时候,花灿突然发现黄鳝的尾巴被岩宝割掉以后居然还能动,于是就惊奇地叫了起来,还拿起一只小尾巴恶作剧地递到了旁边一个小男孩的嘴边,小男孩嫌脏,自然连忙用手来挡,结果手上就沾到了血,一气之下,小男孩便开始骂花灿,谁知花灿反而更加恶狠狠地吓唬那小男孩。沈岳焕看不过花灿这样欺负人,便劝花灿住手,花灿却不许沈岳焕管,大摇大摆地走了。

尽管知道自己已经"野"了,但是沈岳焕认为野孩子不等于说就可以是非不分,相反,野孩子更应该遵守是非准则,因此,沈岳焕盯着花灿远去的背影,心里对这个欺凌弱小的人充满了深深的厌恶,从此再也不和他来往了。

湘西民风彪悍,两个人因为什么事情在大街上展开"殊死搏斗"的情景屡见不鲜,而在这种风气里长大的孩子,遇到这种情况,不但不害怕,还会兴高采烈地围在旁边看热闹,大人们也都若无其事地继续忙自己的事,没有人会想着赶紧拉自己的小孩子离开这一是非之地。而到了晚上,总会有些十几岁的孩子聚在一条街内,或者手里拿着家伙,或者干脆就徒手搏斗,他们将这视作是一种非常荣耀的"预备",一项非常重要的"实地练习"。除非生病或者下雨,本街的孩子们几乎没有不参与的。

作为一个经常随意跑出来到处闲逛的人,沈岳焕自然见多了打架斗殴,更不是个胆小怕事的主儿,只是他生性善良,不愿意看到暴力与纷争,但即使他不主动惹事,也会碰上恶意寻衅滋事的人或者牲畜。沈岳焕身板瘦小,打起架来自然不占优势,但他却有几分他父亲沈宗嗣的胆气以及一个聪明伶俐的小脑袋。因此,到了必须和谁打上一架的时候,沈岳焕就会从围着他的人里面挑一个和他身高体型差不多的,最后凭借自己的机智和敏捷而取胜。就算时运不济,被人不小心绊倒了,他也会灵机一动翻过身来压到对方身上去。

这些沈从文在他的回忆自传中也特意讲述过:"如果一个人

遭到成伙的对手,要赶紧挑选与自己差不多的一人挑战,被他打倒,你活该,只好伏在地上尽他痛打一顿。你打倒了他,他活该。把他揍够后,你可以自由走去,谁也不会追你。"现在读来还饶有童趣。在这种事情上,沈岳焕只吃过一次亏。因为那次攻击他的并非某个强悍的小孩,而是一只恶狗,它不但扑倒了沈岳焕,还咬伤了他的一只手,也正因为这件事,沈岳焕在很长一段时间内都非常害怕狗。

渐渐地,沈岳焕在凤凰城这个不大不小的地方竟也有了小小的名气。他和张氏三兄弟等各路"英雄豪杰"都颇有交情,大家见了面也就客气许多,彼此互尊互敬,倒也相安无事。

第四节　风吹醒了萌芽

在城北十里名为长宁哨的乡下,住着沈岳焕的一位表哥,他的脸膛像关二爷一样,是紫红紫红的颜色。他是一个守碉堡的战兵,体格健壮,动作灵敏,在十里之外的苗乡很有势力,常鼓动一些苗人做事。在沈岳焕四岁的时候,他被这位表哥带去乡下住过两三天。即便在二十多年以后,沈从文还常常忆起黄昏时分,那小小的城堡里,鼓角齐鸣。表哥每次进城来的时候,总要为沈岳焕带上一只小鸡或者别的什么东西来,而且还会给沈岳焕讲许多有趣的苗人故事。沈岳焕很是喜欢这位表哥,觉得他比乡下的叔父要有趣得多。每次表哥临走的时候,沈岳焕总是拉着他的衣角不让他走。

但是这一次,表哥来后要么只顾着和沈宗嗣商量事情,要么就是一趟趟地出门去给各种人买白带子。看着家里已经储备下的两大担子的白带子，沈岳焕实在是忍不住自己的好奇心。他开始默默地留意表哥和父亲的谈话，并抓住一切接近表哥的机会问东问西，但是满怀心事的表哥只是"嗯嗯""啊啊"地应付他。原来，父亲在和表哥商量将家里的男孩子们都送到苗乡去，当天下午就走。女娃们则送到乡下的齐梁洞去，因为那个洞里可以容下万把个人，把女娃们藏在那里，既方便又安全。

类似这样的对话沈岳焕又偷听过几次，而且越来越严肃和神秘，他始终没有弄清楚他们这样做的原因究竟是什么。他只看见母亲低沉着脸，出去张罗孩子们出门的事情去了。过了一会儿，父亲沈宗嗣才注意到了独自待在一边，茫然地看着人来人往的沈岳焕。他想了想，问沈岳焕是想跟哥哥姐姐他们一道儿走，还是和他一起留在城里。沈岳焕却把脑袋一歪，问父亲乡下和城里哪个更热闹些，沈宗嗣听后蹙额颦眉，严肃地告诉沈岳焕，如果想要看热闹，那就留在城里吧！听了父亲的话，虽然还不清楚城里将要发生什么事情，但是沈岳焕知道只要和父亲一起留在城里，总有热闹可以让他瞧的，因此心里不由得感到一丝激动的欣喜。

当天跟表哥一道儿来沈家的还有一个陌生人，他和表哥两个人各自挑了一担子的白带子，就准备动身护送沈岳焕的兄弟和姐姐们下乡去了。临走时，沈岳焕忍不住询问表哥带这么多白带子走做什么，表哥沉默半晌，摸了摸他的头，嘴角扯出一抹苦笑，没有回答。沈岳焕并没有察觉出异样，满心思惦记的是表哥承诺要送给他的那只花公鸡。送别时刻，他也没忘了插嘴央求表哥，下次一定要带答应给他的花公鸡来。此时的沈岳焕并不知道，辛亥革命早已爆发，全国各省都在争相起义并宣布独立，清朝政府已是摇摇欲坠。

尽管湘西落后而且封闭，人们根本不懂得什么叫革命，也不懂得推翻清王朝建立共和制的大道理，但是在波及全国的这种浪潮的影响下，湘西人民，尤其是那些饱受苦难的苗族人再也不想遭受剥削、奴役和压迫了，他们迫切地期望改变自己和亲人同胞千百年来的苦难生活。因而渴望反抗、摆脱歧视和压迫就是他们反抗的理由和目的。苗族弟兄是这次行动的主力军，他们在计划革命行动。小小的凤凰城马上就要发生翻天覆地的变化了。

表哥走后的第二天，几个叔叔都聚集到了沈家。他们忙前忙后，简直不可开交，尤其是身高体胖的四叔，他一天之内就进进出出大门八次了，据说是去打探消息。在四叔第九次进沈家大门的时候，沈岳焕忍不住拦下他，追问他们是不是打算打仗。四叔沉着脸没有多说，催促他赶紧回去睡觉去，接着进屋找父亲沈宗嗣他们商讨事情，留下沈岳焕一个人在院子里没完没了地猜想着。夜色渐渐深了，沈岳焕偷偷溜到父亲的书房去，恰好看见沈宗嗣一个人在灯下擦枪，脸红红的，眼睛却黑得发亮。他盯着手里的枪，暗自出神。沈岳焕又跑到别的屋子里去看，但是没有人理他。也许是家里少了不少人，显得空空荡荡的，在浓重的黑暗里，寂静得有些瘆人。

平日里，沈岳焕最怕天黑，但是那天却一反常态。不仅不害怕，还很激动，因为他心里隐隐约约地感觉，今晚要发生的大事是值得自己兴奋的。过了一会儿，母亲黄英进来了，让沈岳焕将头伏在她的腿上睡觉。一靠近母亲，沈岳焕紧张了一天一夜的神经立马放松了许多，困意涌了上来，眼皮儿越来越沉，慢慢睡了过去。他睡得迷迷糊糊的，半夜忽然听到城楼那边"噼里啪啦"的，似乎是在点鞭炮。等过了一会儿，这声音越发大了，仔细听来，竟像是枪声，还有轰鸣的炮声。浓郁的黑暗里，连天的炮火愈加明亮。在这忽明忽暗的光亮中，人群如洪水一般涌动，冲锋，冲锋，再冲锋，火光不断闪亮又消逝，人们不断呐喊、呼号……终于，天亮了。

那是个阴沉的清晨，死一般的阴沉。

全家人都已经起来了，脸是清一色的惨白。沈岳焕数了数，发现那几个乡下来的叔叔全都不见了，只剩下自己的父亲沈宗嗣还呆呆地坐在正屋的太师椅上。他兀自低着头，不和人说一句话，仿佛石雕一般一动不动。清晨的阳光均匀地铺在他的身上，却让人感觉不到丝毫暖意。沈岳焕心急地询问父亲，是不是真的打仗了。沈宗嗣突然抬起头，红着眼抓住了他的小胳膊说："全军覆没了，我们战败了！"听了父亲的话，沈岳焕愣住了。他的第一反应就是，父亲是不是革命党，衙门里的人会不会来抓父亲。沈宗嗣安慰他，沈家部署很稳妥，应该不会惊动衙门的人。他叮嘱沈岳焕，不该说的就不要乱说，不该问的也不要乱问。

沈岳焕点点头，还想问父亲点儿什么，但他其实依旧不太清楚这几天发生的这一些事情,不知该怎么张嘴。这时,一阵急促的脚步声传来,原来是四叔回来了。只见他满头大汗,结结巴巴地告诉沈宗嗣衙门的人在河那边砍头砍得更凶了,还不允许人们上城去观看,听说已经死了将近四百个人,到处都是沾血的刀枪、倒塌的云梯和人的耳朵。四叔的话还没有说完,沈宗嗣就急得从太师椅上站了起来。他让四叔赶紧再去看看,他担心沈岳焕的表哥,昨天夜里他也在城外作战,但愿没有遭遇不测。

站在一边的沈岳焕听到这里,心情更加沉重。他一声不吭地走出了房间,抬头看着天空。不知道什么时候,原本还有一丝阳光的天空中已经布满了乌云,像是马上就要下雨了,一切都阴沉沉无精打采的。他感到胸口很不畅快,心里闷闷的,既担忧表哥的安危,又因为事情在他还没弄明白的时候就确认惨败的消息,让他感到浓浓的失望。沈岳焕正没头没脑地想着,四叔再次从外面跑回来了,一边大口地喘着气,一边大声地告诉大家,里面没有岳焕表哥的脑袋,或许他没事的。四叔说,街上的铺子已经都开门营业了,衙门口现在乱哄哄的,好多人凑着看热闹,就连对门的张二老爷都去了。张家的二老爷暗中也和革命党有联络,这点沈岳焕是知道的,所以四叔这么一说,沈岳焕松了一口气。看来衙门对情况掌握得不多,父亲应该不会有事的。

不知道什么时候,父亲沈宗嗣已经走出了屋子。他问沈岳焕,怕不怕人头。沈岳焕没有犹豫,立刻说不怕。父亲带着沈岳焕出了门。在道尹衙门口的平地上、鹿砦上、辕门上、云梯上以及木棍上，沈岳焕看见了一大堆脏污的、血淋淋的人头和四叔口中那一串儿耳朵，那看起来真是一生都不容易再见到的非常奇怪的场面。

从前，沈岳焕跟着大人们去看戏，戏台上演哭秦琼时，总会将一个木头做的假人头放在朱红的盘子里，唱戏的人就托着盘子舞来舞去的。可这次，沈岳焕却真真切切感受到了那种血腥。望着眼前这一摊摊血污，沈岳焕倒是没有感到害怕，他只是困惑极了：为什么？为什么会有这么多人被杀掉呢？这些士兵和指挥士兵的人又是为了什么样的缘故非要砍下这么多人的脑袋呢？沈岳焕边走边想，但小小的脑瓜就是想不出来答案。他歪着脑袋看了看父亲沈宗嗣。此刻，沈宗嗣正在以一种军人特有的目光审视着眼前这血腥的场面，他似乎看得非常仔细和认真，表情很镇定，仿佛对这血腥的场面早已司空见惯。没错，从战果上来看，沈宗嗣无疑是失败的一方，但是他却没有一丝一毫的惊慌失措。他如同一位高段位的棋手，注视着当下败了的棋局。沈岳焕看着父亲，心里佩服极了。

不久，城防军开始分头派兵到乡下苗乡那边抓人去了。那些被捉来的人往往被问上一两句话就拉到城外砍掉，有些甚至连绳子也不捆，衣服也不脱就被杀了。最开始的时候，每天大约都要杀掉一百人，每次五十人，行刑的士兵也才不到二十人，看热闹的也就三十左右，这三者之间的数字对比不可谓不是一大奇观。过了一段时间，杀人的一方似乎也有些疲累了，于是就想出来了一个"听天由命"的法子：把捉来的人拉到众人信奉的天王庙里去，由这些人自己在神像前掷竹筊，一正一反的顺筊，可以获得释放；两个都是正面的阳筊，可以获得释放；两个都是反面的阴筊，必须被砍头。可怜这些无辜的苗乡百姓，生死竟然全都取决于一掷。必须被砍头的人自己向左走去，可以获得释放的人自己向右走去。大家都觉得一个人已经占去了三分之二的便宜，因此那些必须被砍头的人也就只是低下头去，谁也不说话。

一有机会，沈岳焕就会跑到城头去看河对岸的杀头，和其他孩子一起计算已经死去的人的数目，或者干脆跟随了那些被捉到的人到天王庙看他们掷竹筊。他仔细地观看乡下人是如何闭了眼睛将手中的一副竹筊用力地扔出去，有的人已经掷到了代表可以获得释放的竹筊的时候还久久闭着眼睛不敢睁开，而有的人看着代表必须被砍头的阴筊，却仍惦记着家里的小孩和牛羊，那种恋恋不舍，那对神的怨恨和无奈，令沈岳焕终生难忘。

沈从文后来在自传《从文自传·辛亥革命的一课》中这样写道：当他刚好知道"人生"的时候，他知道的原来就是这些事情。血腥的杀人场景深刻教育了他。

他明白了在什么情形下人会被拷打，什么状态下人会被砍头。他眼见得人类所做的一切蠢事，深感自己再也无法认同城市中人在狭窄庸懦的生活里产生的善恶观念，并称在城市中生活使得他"由于强悍都不像一个'人'的感情了"。

第三章
从军岁月,青春里关于战火的味道

第一节 小城大事

尽管这场暴动被镇压下去了，但在早已席卷全国的革命浪潮中，小小的凤凰城终究是要发生大变化的。果不其然，第二年的三月份，凤凰城再次发生革命，并且令人兴奋的是，这次成功了！排着队上街巡逻的城中官兵们不再为腐朽的清政府服务，而是彻底归属于革命军。沈岳焕的父亲沈宗嗣连同当地一些有名的乡绅忙碌着，一方面维持凤凰城的各项地方事务，另一方面也在紧锣密鼓地准备进行民主选举。他们热心而充满希望地要组织新的地方政府。

与此同时，沈家大院变得更加热闹了。好多乡下的军人在沈岳焕他们家里来来往往，有时候甚至可以坐满一个院子，而沈岳焕的两个姐姐和哥哥、弟弟也都从苗乡赶回来了。在这群人里面还有前面提到的那位表兄，沈岳焕看到他的时候，他正在激烈地向人描述着上次夜里的暴动情形,背后一把单刀插在红牛皮的刀鞘里,醒目极了。沈岳焕告诉表哥,自己当时经常跑到天王庙去看那些被抓住的乡下人,想知道里面有没有他,但是没有见到。表哥却嘿嘿一笑,说既然那些人没有抓到他,现在便是他教训那帮人的时候了。

过了几天,全凤凰城的人到天王庙开会,沈岳焕的父亲沈宗嗣正在台上进行演讲,这位表哥想起自己当初的豪言壮语,便一个健步跳上了台,对着站在沈宗嗣旁边的县太爷脸上甩了两个响亮的耳光,台下都能听到"啪啪"的声响。这一下,台上和台下的人都笑成了一团,沈宗嗣的演说也不得不暂停了。

革命虽然取得了成功,但沈岳焕觉得凤凰城并没有太大的变化:当官的虽然换了一批人,但衙门里照常有当兵的按时听差,晚上的时候钟鼓楼也还是有三到五个吹鼓手在那里奏乐。革命后不久,沈岳焕的小九妹出生了。又过了一段时间,父亲沈宗嗣也离开了凤凰,原因是竞选失败让他感到颜面无光,一气之下去了北京城。仔细想想,革命的浪潮之下,整个凤凰城的变化竟然还不及沈岳焕一家的变化来得大。

1914年左右,凤凰城有了自己的新式小学。第二年,沈岳焕从姨夫的私塾转到了设在城内王公祠的第二小学,半年后又在母亲的安排下转入了第一小学,从此开始了他在新式小学的教育生活。在新式的小学里,沈岳焕的同学数量比姨夫的私塾多了好几倍。并且在这里,教师不可以随便打学生,学生们也不需要每天摇头晃脑、咿咿呀呀地背那几本古书了。在七天当中，照例会有一个假日，而不是像私塾那样每天都必须去上学，这下沈岳焕就再也不用逃学了。更新奇的是，就算学生们在院子里扭打在一起，教师看见了也不会刻意约束。沈岳焕喜欢新式学校的规制，因为符合他的天性。所以能在这里学习，他打心眼里感到高兴。

每天下课之后，沈岳焕都会和几个同学一起比赛爬树。沈岳焕很喜欢这种爬树比赛，尽管他很少可以得到第一名。并且，通过这种游戏，沈岳焕不仅可以认识很多树的名字，增长自己的见识，还锻炼了身体，而且他还学会了游泳和翻跟头，身体比起以前真是健壮了许多。

除了比赛爬树，沈岳焕他们还常常玩一种叫"骑马打仗"的游戏，简单地说，就是一个人背着另外一个人和对手厮打，背人的人就叫作"马"，被背的人就是所谓的"将"。一般当"马"的同学都是乡下来的，他们大多高大壮实，而且打起仗来绝对忠实可靠，就算偶尔受伤了、流血了，也不生气，随手抓上一把黄土撒在伤口上就能继续战斗，绝不后退。两方真正"打"起来的时候，谁能够先把对方拉下"马"，谁就算赢了。若是运气好，可以把对手弄个人仰马翻就更精彩了，这叫大获全胜。人特别多的时候，他们就分成两队，那"打仗"的场面就更加激烈了。

有一回，和沈岳焕并肩战斗的一方力量比较弱，每次都要被对手打个惨败。大家都累得气喘吁吁的，脸上、身上全都是泥土和汗水，一个个好似戏台上的大花脸。这时候，沈岳焕意识到光靠硬拼是不行的了，于是他把自己这一方的小伙伴们都召集到了一块儿商量对策。沈岳焕告诉小伙伴们，对手强大的主要原因在于有几个作战非常勇猛的"大将"。所以，下次作战的时候大家一定不要分散开来乱打一片，这样很容易就被对方各个击破了。因此他们只有分成几个小组，先集中力量把对方厉害的那几个"大将"给消灭掉，这样对方一定会自乱阵脚，剩下的仗自然就好打了。

听了沈岳焕的话，小伙伴们都高兴极了，他们立刻推选沈岳焕为军中的主帅和军师。沈岳焕决定由己方的两匹"马"攻击对方的一匹"马"，其他人则在周围负责进行掩护。就这样，沈岳焕他们休息了一会儿之后，就以崭新的队列重新上阵了。战术的改变果然奏效了！对方几员大将连连下马，剩下的人便立刻着了慌，再无招架之力，最后不得不主动认输。就这样，沈岳焕凭借着自己的小聪明，经常能够将己方的人马调度得非常得法。所以大家也都很服从他的安排。

沈岳焕高小快要毕业的时候，小小的凤凰城再次因为一件大事而变得生机勃勃起来。原来这一年，凤凰镇守署新设立了四个军事学校，一个是军官团，一个是将弁学校，一个是教导队，还有一个是教练士兵的学兵营。在凤凰城，当兵是一件很光荣的事情。因为从凤凰出来的一些有名气的大人物大都是行伍出身，所以当地人都认为让自己的孩子去当兵是一条非常正确的道路。每当那些军校的青年学生铿锵有力地迈着整齐的步子，雄赳赳气昂昂走过街头的时候，当地的孩子们总会被他们吸引住。因为能够当一名军校生,对他们来说是何等的光荣和幸福啊!有些小孩子甚至还会跟在队伍的后面模仿青年学生的样子走,年纪大点的孩子如沈岳焕则常常是出神地望着他们,心里默默地想着什么。

有一次,沈岳焕在街上遇见了陈继瑛。他是和沈岳焕很要好的一个伙伴,家只隔沈岳焕家五户。陈继瑛提议要沈岳焕和他一起去当兵,沈岳焕心里的确有着和陈继瑛一样的想法,但又真心觉得当兵没那么简单。陈继瑛却告诉沈岳焕,现在军官团的陈教官在凤凰县办了一个预备兵技术班,已经开办有半个月了,他们可以一起去那里打听一下。就这样,沈岳焕跟着这位小伙伴一起跑到了陈教官的军官团操场。这操场是由皇殿改造而成的。他们找到了一个叫田杰的预备兵,因为他在预备班有着很高的威信,所以大家都叫他"田大哥"。

田大哥待沈岳焕他们两个细伢子还是很周到的,等沈岳焕把他们的来意如此这番地一讲,田大哥就告诉他们,只要不怕苦就可以来这里试一试。并且,到这儿以后他们就和大家一样,每隔两个月就可以参加一次考选,考上以后就能补上名额,正式当兵了,所以如果他们到这边来接受训练的话,必须要很努力才行。

回到家以后,沈岳焕并没有立刻找母亲商量进预备班的事。他心里明白,自从父亲沈宗嗣离开家以后,哥哥沈岳霖到北方去寻找父亲,一直也没有什么消息,弟弟又还小,两个姐姐是女儿家也帮不上什么。所以,可以说沈家上下大大小小的生计又全都落到了母亲黄英一个人的肩上，这也使得她看上去要比她的实际年龄苍老许多。

一想到这里，沈岳焕心中就充满了惭愧。等他长大些之后，他才晓得此刻的沈家其实已经在一步步没落下去，父亲沈宗嗣在外面搞各种活动，不断地写信向母亲黄英要钱，没有钱就央求母亲变卖家里的田地和房产。母亲为了一家人的吃喝花销，总要担忧发愁，绞尽脑汁地去安排一切，可以说，如果这个时候不是母亲在其中前后维持着，他们沈家应该早就破产了。

马上就到了吃晚饭的时候，沈岳焕终于把他想上预备兵技术班的想法在饭桌上和母亲说了出来。并且，为了尽可能地求得母亲的同意，他还说了好多进入预备兵技术班的好处。母亲黄英并没有反对。她一听说到那边去可以有机会混一份口粮，并且技术班的规矩十分严格，或许接受预备兵的训练，比让他一味在外面疯玩撒野要好得多。训练时虽然也会遇到危险，比如从天桥掉下来。可黄英觉得，这毕竟是小概率事件，并且有很多人照看，总比儿子每天疯玩，跑到那些空山悬崖上要好。要是万一掉下去，连个看见的人都没有。

思前想后，母亲很爽快地答应了。沈岳焕高兴地飞跑出了家门，他要赶紧把这个好消息告诉陈继瑛，顺便也打听打听他家里同意了没有。望着他一溜烟跑走的背影，母亲黄英深深叹了一口气。走到半路，沈岳焕就迎面碰上了陈继瑛。陈家也同意陈继瑛当预备兵了，两个孩子顿时沉浸在兴奋之中。他们沿着铺了青红石板的街道来回转悠，争着向对方述说自己的理想和打算。不知不觉，两个人走到了一家熟肉摊子前面，索性坐了下来，向摊主要了一盘热气腾腾的煮肉，又点了一壶烧酒，一边吃一边继续聊。在湘西这片土地上，男子汉都是要喝酒吃肉的，更不要说当兵的人了。所以尽管这烧酒喝下去很不习惯，辣得沈岳焕都要说不出话了，但是心里仍然是十分得意，好像自己已经变成了一个高大魁梧的军人一样。

等再回到家的时候，沈岳焕发现母亲房里的灯居然还亮着，他轻手轻脚地走了过去。一灯如豆，原来母亲黄英正就着这灯光在为他赶制一套制服，知道等他到了技术班肯定需要穿的。看到这一幕，沈岳焕心里顿时变得很不是滋味儿，他想起了孟郊的那两句"慈母手中线，游子身上衣"，突然有些庆幸这预备兵技术班还不是什么正规兵，至少他每天还是可以回家的。

第二天，沈岳焕就和陈继瑛到预备兵技术班报了名，他俩一块儿被分到了军役补习组。进组后发现，他们的班长居然就是沈岳焕读高小时的班长梁凤生，真是无巧不成书。他们的教官姓陈，听说他的杠上技术得过全湖南省的锦标，别人不敢尝试的高难度动作他都可以完成得很漂亮。陈教官无论在什么时候都把胸脯挺得直直的，因而沈岳焕对他可以说是又敬又怕。陈教官对沈岳焕还算比较满意，看他个子比较小，排队时老是排在最后一个，所以训练的时候总会照顾他一些，这让沈岳焕很是感激。

艰苦而严格的军营生活就这样开始了，最开始的训练是练队列、齐步走。沈岳焕因为个儿矮步子小，总是有些跟不上。

但这个湘西的细伢子就是有一股子犟劲儿,他跟着大家认认真真、踏踏实实地苦练了十多天后,居然硬是达到了合格的标准,就连陈教官也对他的表现频频点头。

练完了队列、齐步走,接下来就要练习"翻筋斗"了。一开始,沈岳焕还是很紧张的,但是梁班长对他很是照顾,在练习的时候,总会在沈岳焕双手撑地将身体使劲儿翻过去后用力想挺立起身的时候用手拉他一把,帮助他在保证腰腿安全的情况下顺利完成动作。也正因为如此,沈岳焕越练越起劲儿,动作越来越猛,也越来越大胆,结果在攀杠子的时候,因一个失手重重地摔在了沙地上。这下子沈岳焕和同学们都慌了起来,他想说话,却张着嘴发不出任何的声音来。

这时候,在操场另一边的梁班长赶紧跑了过来。梁班长显然有经验,他二话不说扶起沈岳焕就沿操场使劲儿地跑,跑了有好一阵子,沈岳焕才觉得气儿顺了过来,张口说出话来了。大家禁不住都哈哈笑了起来,只有梁班长一脸严肃地警告大家,以后谁要再出现这样的情况,在旁的人必须把他搡起来跑步,不然以后就要落下毛病了。梁班长的一番话让大家都收了笑,沈岳焕心里也更觉得后怕,因此对梁班长更加钦佩了。

不久,营上的守兵有了几名缺额,要补充新兵了。沈岳焕暗自在心里给自己鼓劲儿,他很希望争取到一个当兵的名额,将来好像他的祖父一样做个大将军。同时,他也非常希望一直很照顾他的梁班长被选入兵营。因为他知道梁班长家里很苦,母亲是个寡妇,平时靠给人家缝补衣裳赚些钱养活家里,还要照顾梁班长和他的两个弟弟。有时候散操后,沈岳焕和陈继瑛会碰到在街上卖甘蔗的梁班长。每次梁班长见了他们总会一声不吭地往他们手里塞根甘蔗,然后就飞快地走开。这让沈岳焕心里感到很过意不去,他觉得梁班长就靠卖这几根甘蔗补贴家用,他们怎能再好意思老白吃梁班长的甘蔗呢?所以后来在街上见了梁班长,沈岳焕和陈继瑛总要善意地躲开。

几天后,预备班果然开始考试了。这次沈岳焕可以说是拼尽全力去完成了所有的动作:走天桥、拿大顶、攀杠杆、蹲木马等。尽管最后他没能考上,但也得到了军部的奖语。可惜的是梁班长最后也没有能够考取,这让沈岳焕感到真正有些遗憾和难过。下午回到家的时候,沈岳焕将考试的情形和家人们描述一番。大家都乐开了花,尤其是母亲黄英,沈岳焕已经好久没有看到过她那样舒心又亲切的笑容了。

接下来的几个月里,沈岳焕继续参加了几次这样的考试,虽然结果都是没有被录取,但是在练习的过程中,他的身体强壮了起来,意志也因此变得更加坚定。这些对于沈岳焕之后的人生道路而言,都是非常重要的收获。又过了一段时间以后,陈教官被调到了卫队去做营副,这下预备兵技术班就解散了。最后一次散操之后,沈岳焕摘了一大把花回家去,心里感到空落落的,生活的变化实在是太快了。

第二节　故乡渐行渐远

预备兵技术班的培训结束后，不知不觉就到了七月十五中元节。中元节又称"盂兰盆节"和"鬼节"，大约在唐宋时期就已经成为一个民间的大型节日了。这个节日有些像清明节，在这一天，人们在家里或者去坟地祭奠祖先、祭拜鬼神，希望鬼不要打扰他们的健康和幸福，而有些地方到了晚上还会"放河灯"，既算是祭奠河鬼，也是为了游玩。按照中元节的规矩，为了避免撞上鬼，人们这一天是不会下水的，但是沈岳焕才不管那么多，他把纸钱烧完以后，就直接脱下衣裤跳下河玩水去了，并且足足折腾了两个多小时才上岸回家。

在家里吃过晚饭后，母亲黄英拿来一件干净的长衫和一双新鞋袜让沈岳焕换上，带着他爬过二十多道高坡，来到了城里地势较高的一户人家。这家主人姓杨，是个军官，以前和沈家是邻居。杨家的大屋内，煤气灯照得四下通明，沈岳焕向这家主人行过礼后，母亲黄英才告诉了他来这里的目的。原来，她已经和杨家表叔商量过了，让他跟杨家表叔一块儿当兵吃粮去，次日一大早就动身。沈岳焕还没来得及张嘴问些什么，这位杨家表叔就在一旁连连应和母亲说，当兵吃粮可是好事，沈岳焕可以以补充兵的名义给他当护兵等。

听了这位杨家表叔的话，沈岳焕登时就兴奋得差点跳了起来，追问表叔他能不能背盒子炮。杨家表叔闻言哈哈笑了起来，告诉他当然能。大家也都跟着笑了起来，除了母亲黄英有些不自然。不过此刻的沈岳焕并不知道，母亲黄英决定送他出门当兵，其实是因为沈家的情况实在是一天不如一天，她没有办法才下狠心做出这一决定的。回家以后，母亲黄英为沈岳焕收拾第二天出门要带的东西去了。沈岳焕偷偷地看了她一眼，发现母亲的脸颊上正挂着两行清泪，这是他第二次看见母亲落泪，第一次是他二姐去世的时候。这天晚上，沈岳焕早早地就上床睡觉了，他的内心十分酸楚，睡前也哭了一番。

第二天一早醒来，外面细雨蒙蒙，雨水早已经把地面浇湿了。沈家一家人把沈岳焕一直送到了杨家表叔的门口，沈岳焕怕大家难受，挥了挥手后就快步朝杨家门外的集合点走去了。"出发——出发啰——"一阵乱哄哄之后，杨家门外的队伍迈着并不整齐的步伐出发了。

沈岳焕穿着一身大姐前一天晚上用蓝绸为他仿制的军衣，在一群穿黄衣的士兵中间显得十分扎眼。他脚上穿着白布袜，外面套着新的草鞋，背着一个大花包袱走在队列里面。他默默地回头朝凤凰城的方向望了望，小城已经模糊在一片氤氲烟雨之中。这就是告别家乡了。

关于这次离家，沈从文后来在《从文自传·辰州》中曾经具体描写过当时的情绪和心境。彼时的他不过是个十四岁左右的孩子，他离开了家中的亲人，不知道将要到哪里去，不知道将要做些什么，更不知道将来可以有什么希望。这个年纪的他，尚不懂得体味和家人分别的痛苦，渴望自由的本性却反而使他感到莫名的激动和快乐。他欢喜地看着这一切新奇的东西，听着周围一切新奇的声响，这就是他最初离开乡土时的最真实的感受。

其实一个小兵在军中动荡不安的生活是充满了辛酸和艰难的，但此刻对于沈岳焕那颗不知餍足地渴求新鲜的养分来滋育和扩充的心灵而言，他的注意力多被自然和人事的现象体会占去了，就像他自己所言："各种生活营养到我这个魂灵，使它触着任何一方面时皆有一闪光焰。"

是啊，他就要离开家乡了，在苦难中即将展开的新世界和对宽阔自由生活的憧憬，唤起的是这个不安分的少年"无量的快乐"。

第三节　征途上的残酷月光

等随着部队上了路，沈岳焕才真正觉出了忧愁来。和他一同上路的三百多个人里面，竟然没有一个他的熟人，到处都是陌生的脸庞。

部队当天要行六十里路，等到了有大河能够过船的地方再坐船向下走，然而瘦小的沈岳焕已经被背上那似乎比他的身体还要大的包袱弄得满头大汗了（家里人因为担心他路上受冷，所以在包袱里放了太多的衣服）。一听说一天要走那么长的一段路，他禁不住想自己可能根本办不到。幸运的是，与他同行的一位脚夫心地善良，看他背的包袱和瘦小身躯比起来实在难以协调，便很热心地让沈岳焕将包袱搭在他负重比较轻的那一头去。就这样，沈岳焕既有了伴，又减轻了肩上的负累，心情愉悦了许多，走起路来便不觉得疲倦了。

黄昏时，部队到了一个名字叫作高村的大江边，二十多只篷船停泊在那里，其中一只较大的篷船上面还悬挂了一面红绸旗帜，旗帜上是一个大大的"帅"字。这个时候，沈岳焕已经和那位热心的脚夫大哥分开了，所以只好自己一只船一只船地挨个儿询问。他一个人怯生生地询问还有没有地方容下他，但得到的回答都是已经满了。

天色越来越暗，同行的其他人里已经有人开始在船头烧火做饭了，还有的人甚至都蹲下来大口大口地吞咽食物了，但沈岳焕却还没有找到属于自己的队列和容身的船只，因此只好选了一块岸边的石头坐了下来，揉揉自己走累了的双脚，看着布满薄雾的宽阔江面，心中兀自有些悲哀和凄凉。过了好一会儿，沈岳焕又撞见了先前那位脚夫，脚夫大哥询问他为何不上船，沈岳焕将自己的遭遇说了一番。脚夫赶紧拉他到了一只空船上去，这船舱居然都没有舱板，只是铺了一层稀疏的竹席子，船一摇动的时候，都能够听见船底积水流动的声音。沈岳焕心想，这样子晚上定是睡不好的，但也只能如此将就一下了。

四天之后，部队驻扎到了辰州城（即沅陵），沈岳焕被编入了支队司令的卫队。这支卫队统共有几十个人，平均年龄都在二十岁左右，沈岳焕因为只有十四岁，所以在队里属于小弟。对于当护兵的生活，沈岳焕基本上还是很满意的。每天的生活无非就是晨起后集合进行点名，然后出操锻炼，到了下午就已经无所事事了。至于伙食，食堂里每天都是糙米饭和豆芽菜汤，只有到了周日才能有幸每人从豆芽菜汤里捞出一块四两重的煮熟了的猪肉改善一下。

唯一令沈岳焕比较失望的，是护兵们的枪都是杂牌子的，有德国的盖板，也有日本的春田等，但是都是长枪，杨家表叔没能兑现让他挎盒子炮的承诺。因为卫队的纪律不像营里那般严格，有一定的行动自由，所以沈岳焕有事没事都会跑到沅陵的大街上去溜达一番。他认为这里比凤凰还要热闹。

河街那边有着卖各种物什的小铺子，鱼篓、烟嘴、船缆、火镰、小刀，还有用硬木头雕琢而成的活车等，总之是应有尽有。沈岳焕每次都要像一个考古工作者研究古董一般专心致志地蹲在那些物什前观察半天。城门洞处则是卖各种小吃的，沈岳焕每天都要来这里吃上一碗热乎乎、甜丝丝的汤圆解解馋，只是偶尔碰到本营的军官经过这里，他还必须立刻放下碗站起来行礼，有时候嘴里的汤圆还没来得及咽下肚，就得急忙喊出模糊不清的"敬礼"二字，让旁人听了总要发笑。

不仅如此，沈岳焕还经常和为团长看马的一位姓张的马夫到朝阳门外去放马，那里的草坪上固定着很多檀木钉，他们把缰绳拴在钉子上，但因为缰绳很长，也就仍可以任由马到处走了。这个时候，沈岳焕就和这位马夫或者躺在草地上，边聊天边晒太阳，或者趴在附近教会中学的城墙上看那些中学生打球。就这样过了有一段日子，沈岳焕他们突然接到上级的命令说要打背包出发去清乡。

虽然沈岳焕对这次上司布置的所谓"清乡剿匪"的任务还不是很清楚，但是眼见军营里士兵弟兄们一片欢腾，他也像是受了感染一样兴奋起来。在沅陵在卫队的生活虽然清闲，但时间长了也让人觉得平淡无奇，跟着去清乡的话，生活说不定会出现转机。部队给参加"清乡剿匪"的士兵们每人发了一块大洋，沈岳焕把大洋换成了铜圆，买了一条手巾、三双草鞋和一把他中意已久的、刀柄绑着彩绸、刀鞘上涂有朱红色的漆的"黄鳝尾"的小尖刀。

沈岳焕的连长在裹腿里就插着这样一把刀。这位连长是苗族人，姓吴，十分骁勇善战。据说他裹腿里的小刀就是用于和敌人进行肉搏战的时候，若和对方搂成一团在地上打滚，那么只要能成功地把敌人压在自己的身下，就可以用这把小刀将他刺死。沈岳焕把新买的小刀也插进了自己的裹腿里，感觉自己和吴连长一样威武——真是太棒了！

三天以后，队伍总算到达了清乡司令部。第二天一大早，当地的各个村寨民团的头目就派团兵将"土匪"们押到了司令部。这些"土匪"被人用绳子绑着，一个个都是老实本分的长相，与其说他们是"土匪"，倒不如说他们就是当地的乡下人。到了晚上，军法长便开始使用各种酷刑来审问犯人，即使到了半夜三更，刑堂那边仍是拷打声和惨叫声不断。每当这个时候，沈岳焕都会坐起身来侧耳倾听，直到天快亮了，刑堂终于安静了，他才能够安心入睡。

沈岳焕终于明白，所谓的"清乡剿匪"无非就是把受过审问之后的犯人一律押到郊外的田野里砍掉脑袋，毫不犹豫，如同一个没有人性的机器在源源不断地吃人。

第四节　焕乎，其文有章

真相渐渐显露，沈岳焕已经摸透了这里的底细。许久以来，部队实际上并未出动一兵一卒，因为当地的村寨民团每天都会送来一大批一大批的"土匪"，部队只消在司令部里对这些来自各地的"土匪"进行审问和处决即可。当然，这些"土匪"如果不想被处决掉，也有一个办法，那就是甘愿认罪，而认罪的方式和代价就是必须在某张字据上写清楚，他自己愿意为清乡部队捐献多少长枪或者子弹，如此便可立即获得释放。

而事实上，这些被释放的"土匪"最终捐献的根本就不是什么长枪和子弹，而是这些东西折算成的现钱（大约一支长枪可以折合为一百八十元，而一排子弹则可以折合为一元五角）。

因此，可以说，部队每天处决掉的那十几个"土匪"，要么是穷得交不起捐款，要么就是因为得罪了地方上的有钱乡绅，被乡绅们买通军队将他们抓来硬安了个"土匪"的罪名就杀掉了。也就是说,其实清乡真正的"好处"就是部队可以靠杀人轻而易举得到白花花的银两或者叮当响的大洋。

有的时候,若各个村寨民团抓来的"土匪"太少,部队就会直接罚头目的钱。不仅如此,有时候要是地方上哪两个有钱的地主、富豪之间有了过结,同时都来部队要求帮忙报仇的话,"助人为乐"的军队长官就要乐开花了。今天这边送钱来了,军官就派人去抓另一边的人,明天那一边的人也送钱过来了,军官再派人去捉这边的人,总之无论最后这两家谁占了上风,这些军官的腰包肯定都是被塞得满满当当的。军队的长官们就是用这种方法从百姓身上捞钱,等一个地方的百姓被敲诈得所剩无几了,他们再拿着枪转移到别的地方,继续这样的好戏。

四个多月后,沈岳焕他们这支部队转移到了一个叫作怀化的小乡镇。在这里,士兵们仍然是除了杀人和观看杀人之外便无事可做。有的时候,白天到大街上去游玩,都可以经常看到有十二三岁的小孩子挑了两个人头走在几个士兵的中间,而这人头便常常是这小孩子的父亲或叔伯。如此令人匪夷所思的场景,那时却是司空见惯的。这让沈岳焕禁不住想起了那年凤凰城的苗民暴动失败后,清兵们在全城疯狂屠杀百姓的情形。他万万没想到,如今都已经是民国了,部队居然还在做这样的事,悲剧还在重现。

沈岳焕在部队待了一段时间之后,一纸调令将他从副兵连调到了秘书处,成了一名上士司书。秘书处的军法长名叫肖选青,长得又高又胖,脸上常常带着审问犯人时的那种肃杀和威严,但看见沈岳焕以后,他却一反常态,胖胖的脸上堆满了笑,问沈岳焕叫什么名字。听了沈岳焕的回答之后,他又连连摇着脑袋,仿佛一位旧时的私塾先生一般说道:"焕乎,其文有章,我看你以后不若就叫作从文的好。""焕乎,其文有章",这句话出自《论语·泰伯》,意指尧以无为的天道来治理天下,虽然天道无名,但是其事业和功德是赫赫的、有目共睹的,所以"焕乎,其文有章"这句话本是称颂和宣扬尧治天下的丰功伟绩之辞。

虽然此时的沈从文连小文章都尚未能入门,满脑子只有一些不切实际的幻想和小时候在私塾时背的那几本书而已。但无论如何,从此以后,沈岳焕的名字就变成了被后人熟知的沈从文。

除了抄写公文、练习书法、看杀人或者在山野中游玩打发时光之外,在秘书处,沈从文每天大部分的时间内其实都无所事事。他没有什么书可以读,也从来没有想过要去读些什么书。大好的光阴就这样白白地消磨掉了。

一次,也是闲来无事,沈从文就描摹了一幅驻地祠堂上的"赵子龙单骑救主",并且还把这幅画贴在了自己住处的墙壁上,结果那些小副兵们看见后竟是个个争着向沈从文索要他的描摹画,因此,有事没事的时候,沈从文就会待在兵营的房间里,用毛笔在纸上描摹祠堂上那些不知道被哪位民间艺人刻画得栩栩如生、惟妙惟肖的木雕画,"猪八戒招亲""长坂坡""三英战吕布""二十八宿闹昆阳"等等各式各样的故事和人物都有。画完以后，沈从文就将画作为礼物送给了那些小副兵们。

关于沈从文在绘画方面的造诣，尽管他从未承认自己的画作是正式的作品，画完后就会收藏起来，很少外传，但他的表侄，也就是后来著名的画家黄永玉就曾称赞表叔的画"是一种极有韵致的妙物"，并表示沈从文其实是"极懂画的"。

就这样，凭借着对于艺术的自然的喜爱和体悟，沈从文将自己在军营生活的闲暇时光完全献给了书法、献给了绘画、献给了音乐。直到沈从文晚年，他都没有忘记当年他和几个士兵上山去砍一截竹子来做一支短箫，吹奏胡笳曲中的《山坡羊》和《娘送女》等各种曲调的场景。当时的他还是不懂世事愁苦的少年，只是单纯地热爱着这自然的天籁。沈从文那颗热爱艺术的心灵最初就是被这些曲调深深滋养的。

第四章
绚烂天地,想去的地方叫作远方

第一节　转角遇见自我

这天，已经升作司书的沈从文正伏在窗子边练习书法，秘书处的长官领了一个白净的书生就进房门来了。原来部队里新来了一位秘书，长官带他来和沈从文认识一下。只见这位秘书穿着黑色的马褂，向沈从文抱拳道出了自己的姓名，风度翩翩，儒雅极了。这秘书姓文，全名是文颐真，湘西泸溪人，曾经到日本留学过一段时间。

沈从文素日里与部队的那些底层士兵厮混惯了，一见到文秘书这般斯斯文文的人竟然还有些不习惯。他随口报出了自己的名字，这就算和文秘书认识了，然后就急忙主动伸手帮文秘书提他手里的箱子。这提箱很沉，沈从文好奇文秘书究竟在里面装了多少东西。

到部队安顿下来以后,这位文秘书就忙着到各处拜会了一番。即便是对任何人都可以随意使唤的副兵们,他都是客客气气的,说话间带着微笑,礼貌有加。此时的秘书处尽管早已有一堆秘书扎堆儿了,但是没有一个人像文秘书这般温和文雅、讨人喜欢的。和文秘书一比起来,沈从文只觉自己和其他说野话的秘书们都像是山野村夫一样,不像个秘书。

和秘书处的几个同事在一起的时候,文秘书总是苦口婆心地劝沈从文,不要老是一说话就"老子"长"老子"短的,沈从文却偏不要他管。文秘书还告诉沈从文,他这么聪明,应当好学一些,但是沈从文反而顽劣地总是用一连串的"老子"来回应他的训导。不过文秘书倒也不生气,只是无奈地看着沈从文连连摇头,最后反倒使得沈从文自己感觉羞愧起来。

闲来无事的时候,沈从文就会给文秘书讲一些他听过的山野趣事,向他描绘他亲身经历过的杀人的惨烈场面,并尽可能地发挥他的天分去模仿老虎的怒吼、野狼的嗥叫等,他还教文秘书如何从脚印上去分辨野猪和山羊,而每次给文秘书讲完这些,沈从文心里都会暗暗得意好久。当然,在认真倾听沈从文的讲话的同时,文秘书也会告诉沈从文什么是火车,什么是电灯,什么是汽车,电话长什么样子,鱼雷艇长什么样子以及氢气球的原理又是什么,等等。他还会给沈从文讲解美军和英军的衣服式样的区别。

就这样,一来二去地,沈从文和这位文秘书竟然不知不觉地成了好朋友。文秘书给他讲的这些新奇有趣的东西使得沈从文有一种发现新天地的兴奋感,内心朦朦胧胧产生了一种对新世界的无限向往之情。

这一天,天气十分晴朗,阳光照得人暖洋洋的,文秘书就将自己刚到部队时拿的那只手提箱打开了,想要将里面的衣物拿出来晒一晒。这个时候,沈从文发现文秘书将衣服取完以后,箱子底下露出了两本厚厚的书。他翻开一看,里面的字又多又细小,密密麻麻的。看着沈从文惊讶的样子,文秘书告诉他,这两本厚厚的书可是大宝贝,天下间但凡他想要知道的各式各样的问题和事物,这里面都有详细的记述。

听文秘书这么一说,沈从文盯着书脊上那两个烫金的大字——"辞源",心里既充满了敬畏,又有点不太相信。他央求文秘书为他从这本书里查出"诸葛亮三气周瑜"的故事来,只见文秘书拿着书前后翻了翻,不一会儿就查出来了。这下子沈从文既惊奇又愉快,对文秘书更加敬佩了。接下来,文秘书又装作漫不经心的样子问沈从文,有没有看过报纸。沈从文倔强地称老子才不要看什么报纸呢!文秘书感觉又好气又好笑,也没有答话,只是又低下头去,从《辞源》里翻出了有关"老子"条目拿给沈从文看。沈从文一看,原来太上老君就是"老子",而且历史上还真有其人。

从此以后,沈从文便再也不称自己为"老子"了,而是和另外两位秘书一起凑了一块两毛钱买成邮票寄到了上海,足足订了两个月的《申报》。这次经历让沈从文认识了更多的字,还让他从报纸上了解了国内外的时事新闻,增长了很多

第四章 绚烂天地,想去的地方叫作远方

见识。不仅如此，他还经常央求文秘书将《辞源》那本大厚书借给他看。因为文秘书自己对这本书也是极爱惜的，所以即便是答应了借给他看，也要求沈从文先把手洗干净，以免把书弄脏。

对于沈从文而言，这本厚厚的《辞源》像极了一个巨大的知识宝库，令他魂牵梦萦，心向往之。它唤起了沈从文内心的悸动，也留给沈从文以无尽的遐想。但是文秘书能够把《辞源》这本书借给他阅读的时间毕竟是有限的，因此沈从文每日忙完公事之后，也只能继续用公文纸描画浮雕，或者看看借来的《西游记》《秋水轩尺牍》等打发时光。

不久，部队又开始移防了。这是一个寒冷的冬天，天空是铅灰色的，大片大片的雪花徐徐地飘落着。沈从文和士兵们冒着雪乘船一路赶回了辰州。在船上的时候，沈从文抬起头看着落雪的天空。他半眯着眼睛，想要看清楚这些雪花到底是从哪里来的，但终是失败了，只觉得自己就好像那空中飘落下来的雪花一般，飘飘然不知道将要落到哪里。

还没有来得及思索清楚，一转眼，又是一个盛夏。此时，沈从文所在的部队为了维持生计，不得不为了粮食和银钱与其他地方的部队或者民兵起冲突。因此，前方总是战事不断，但一般传来的战报却极少是有利的消息。过了一段时间，辰州城的部队也被迫往前线开拔了，除了因为年纪小被留在"留守处"继续做一些杂事的沈从文以及二十多个老弱病残以外，城里能走的都走了。

这天,沈从文还专门赶到河边去为随总部开拔的文秘书送行。分别的时候,文秘书依旧像当初他们第一次见面时那样,微微一欠身,十分温文尔雅地抱拳,道一声后会有期,并叮嘱沈从文今后一定要继续多看书、多读报,将来当一个出色的读书人。尽管和文秘书相处的时间并不是很长,但是沈从文却感受到自己的生命发生了微妙的变化。不知什么时候起,带了一种说不清道不明的新感觉。在下意识中,他总是想起文秘书的温文尔雅。

本以为早就习惯了部队喧闹繁杂的生活氛围,部队驻防的地方景色又是那样的美丽,浅绿色的河水和金黄色的泥潭遥相呼应,像极了一幅绝妙的风景画。然而,从前活泼顽劣爱热闹的沈从文却因了这美丽的景色而变得更加孤独寂寞起来。他第一次明白,原来美丽也是愁人的。或许他心里也是有一丝浅浅的快乐,但说出口、写出来的时候,依旧用的是愁人的语句和字样。

沈从文默默地注视着他周围的一切光景,内心非常渴望可以有那么一个人,最好是同他非常熟悉的人,像文秘书一样知识渊博的人,来同他一起欣赏和讨论眼前的一切。

寂寞无声地占领了沈从文的身心和生活。他再也无法对那些粗鲁下流的玩笑、恶作剧产生兴趣了。他的脑海里时时浮现出那本厚厚的《辞源》、他看了两个月之久的《申报》以及他借来读过的那些书。他将它们反复拿出来回忆和品味,却反而因此觉得更加寂寞了。在这种隐隐约约的情绪作用下,一回到部队,沈从文就会坐在他那张用公文纸裱糊的桌面前，专心致志地去写小楷字，而且一写就是多半天。或许也唯有这种发泄方式，才可以令他暂时忘却心底的烦恼吧！

第二节　为新世界打上自己的烙印

　　幸好，这种孤独和寂寞的感觉并没有困扰沈从文太久，因为总部开拔后不久，留守处就接到一份长长的电报，电报里称他们所在的部队全军覆没了。听到这一消息的时候，沈从文立刻呆住了。他感觉好像被人用拳头在胸口猛地捶了一下似的，疼得难受。他不明白，日子过得好好的，怎么就突然全军覆没了呢！文秘书呢？他也没有活下来吗？他是多么好的一个人啊！

　　但无论沈从文多么不愿意相信眼下发生的一切，他终归还是被迫从留守处的老副官手里领了一些遣散费，重新背起自己的小包袱再次来到了辰州城外的河岸边——这一次，他必须要踏上回家的路了。沈从文转过头去，远远地最后看了一眼辰州城，河床那边，装卸工人们依旧唱着欢快的劳动歌曲，歌声嘹亮，似乎要钻到天际。

回到凤凰城以后，沈从文所处的境况并没有得到一些好转，相反，因为沈家早已几乎断了一切收入来源，田产败光了，他母亲黄英整日都要为一家人的温饱发愁，所以看上去比沈从文离开家的时候还要衰老许多，令沈从文十分心疼。他心里明白，眼下这种情况，他想要继续待在家里白吃白喝是不可能了。他必须想办法到外面找点什么事做，以解决自己和家人的生活问题。他已经长大了，是男子汉了，必须担负起自己的责任来。

就这样，沈从文毅然决然地来到了芷江，投奔他在这里当警察所所长的五舅。五舅安排了沈从文在警察所当一名办事员，主要职责就是抄写违警处罚的条子和为警察局填写屠宰税的收税单。这些都是比较简单的工作。麻烦的是，为了防止有些屠户偷税漏税，沈从文有时还需要像正式的税务员一样经常到县城的各个杀猪宰牛的地方去转转，检查一下。

正因为如此，沈从文几乎每天都要将县城跑一圈，而且因为其工作性质和背景的缘故，但凡他所到之处，那些个宰杀行、银匠铺、成衣铺还有南货店等的老板们无一不对他笑脸相迎，态度极好，尽管实际上这些老板们的年龄都比沈从文要大上许多。通过和这些人的来往，沈从文见识了更多的人情世故，也更加稳重起来。不仅如此，他对于这份工作认真负责的态度也使得他获得了同事们的认可与好评。

除了当警察所所长的五舅之外，沈从文在芷江还有一门重要的亲戚，那就是曾经担任过民国政府总理的熊希龄家族。这位熊希龄的弟弟熊捷三是芷江的头号人物,他的妻子便是沈从文的七姨,也就是母亲黄英的妹妹。也正因为这一层关系,沈从文的五舅才得以经常和熊家往来,有时候还会带上沈从文一起去。熊捷三喜欢附庸风雅,沈从文的五舅便常常投其所好,与之共同吟诗作词,而沈从文则负责为他们两人抄写诗句。对于这一任务,沈从文不但不反感,还饶有兴致,也因此重新捡起了之前练习写小楷字帖的习惯。

但沈从文更感兴趣的,其实还是熊家的书房。熊家的书房里放着一只非常大的书箱,里面收藏有一整套林纾翻译的小说,包括狄更斯的《冰雪姻缘》《块肉余生述》《滑稽外史》和《贼史》等作品,还有十来本白棉纸印谱。

沈从文非常喜欢狄更斯的这些小说,因为它们大都反映了世事的艰难和底层人物生活的困境与挣扎。尽管这是狄更斯描绘的另外一个世界的浮世绘,但从小的生活经历和遭遇却使得沈从文能够与狄更斯书中的人物产生精神的共鸣。对于书中人物的命运遭际和沉浮,他既倍感亲切,又忍不住为之欢喜和恸哭,并感叹于狄更斯讲述故事本领的高超和强大。

沈从文认为狄更斯的高明之处就在于他告诉自己想要明白的一些道理,却并不是死板地说教,而是有能力将这些道理融于浅显的生活现象之中。沈从文后来就曾称自己从来不愿意在看某种现象的时候强行加入某种社会价值观来断定自己的喜恶。他不愿意刻意为一个什么事物做出价值的判断,却愿意了解它能够为自己带来多少欢乐和趣味。因此,沈从文的爱好从来都不同世俗的目的相和，他能够抓住宇宙自然的最富韵味的美丽，却不愿意明白世俗的评判标准，也就是说，他只愿意作为一个艺术家去体味人生，而不愿意弄清楚何谓道德君子、伦理之美。

和沈从文之前阅读的《论语》《孟子》不同，狄更斯的这些小说深深地影响了沈从文那颗本就富于幻想的心灵，它们鼓荡起了沈从文内心深处对于艺术的情愫和向往，也奠定了沈从文以艺术家的感情去接近人生的处世方式。这既是他后来能够创作出那么多优美动人的文学作品的本源，又为他在新中国成立后的几十年里被误会埋下了祸根。

这年夏天，沈从文就在熊家的书房里第一次接触到了西方文学，并且认识了很多汉印古玺款识，还渐渐地学会了刻图章和写草书，甚至能够作五律七律的旧体诗。从整体上来看，他在芷江的生活可以说是极为顺利和安稳的，不仅其艺术的天赋日益显现，薪金和积蓄也在不断增加。

不久，因为生活实在窘迫，沈从文的母亲黄英不得已将沈家大院卖掉了，并将换来的三千多银圆交给了沈从文，要他存入钱庄生利息。在旧时社会，将自家的房屋出卖是一件十分丢脸的事情，于是，沈从文的母亲只好收拾细软，带着沈从文的小九妹到芷江，和他住在了一起。

第三节　有时爱情徒有虚名

尽管出身湘西旧家，但在芷江人们的眼中，此时的沈从文可谓是有职、有钱、有背景，俨然一个年少翩翩、体体面面的绅士。因此，当地很多人家，包括熊家在内都十分想要招沈从文当东床快婿呢！提亲的人开始陆陆续续地上门，但是沈从文无一例外全都拒绝了。

其实这个时候向他提亲的全都是些有钱人家的姑娘，随便他答应了其中任何一门亲事，他都可以借此在芷江继续做他的土绅士，一生无忧。然而，沈从文注定是沈从文，他的决绝和坚持，既像是命运的捉弄，但也似乎是命运的成全——他终究是要成为一代文学大师，终究要为我们留下那些感人肺腑的故事，而不仅仅是作为一个有钱人湮没于历史的洪流。

其实，沈从文之所以拒绝得如此干脆利落，还有一个原因，他的心里早已经有了一个姑娘。这事还要从他刚来到芷江说起。原来,初到当地的沈从文结识了一个名叫马泽淮的男孩子。这人也算是大户人家出身,和沈从文年纪不相上下。有一次,沈从文到马泽淮家里去做客,见到了马泽淮的姐姐,并且一下子就被这个美丽大方、多才多艺的姑娘吸引住了。

尽管沈从文从未向任何人提及他对于马泽淮姐姐的爱慕之情,但是精明的马泽淮却一下子发现了沈从文的异样,并且因此打定了主意要借这个机会狠狠地从沈从文身上捞点好处。

果然,马泽淮开始故意频繁地在沈从文面前提及自己的姐姐,并谎称姐姐经常挂念沈从文,对沈从文十分赏识,而一旦心系意中人的沈从文好奇地询问马泽淮她都具体说了些什么的时候,马泽淮就开始以最近缺钱、心情烦闷为由拒不透露。为了讨得心上人的欢心,沈从文只好大方地借给马泽淮一笔钱,要求他以后专心听自己的姐姐究竟说了什么关于沈从文的"好话"。

不仅如此,每天晚上因为马泽淮的姐姐而辗转反侧的沈从文还亲自作了一首含蓄而优雅的旧体情诗,嘱咐马泽淮一定要交到他姐姐的手里。不想,次日在团防总局的门前,马泽淮却突然出现了,并且一把揪住了沈从文质问他在搞什么鬼,因为他姐姐看了沈从文写的诗以后,竟然整宿都没有睡着,早晨起来的时候两个眼睛又红又肿的,简直像两个大桃子。听了马泽淮的责问,沈从文心里简直又惊又喜,那清纯圣洁的姑娘居然为了自己而落泪了!他是多么幸运,又是多么自责啊!一时间,沈从文竟激动得说不出话来，不等马泽淮开口向他抱怨缺钱，就主动将钱塞到了他手里痴痴然走开了。

从那以后，为了争取马泽淮姐姐对自己更多的爱，沈从文开始将自己的精力和感情都扑在了给对方写情诗上。马泽淮虽然每次都会答应为沈从文传递尺素，并且带来姐姐对沈从文诗作的评价，但是借钱是免不了的，而坠入爱河的沈从文丝毫没有感觉出哪里有问题，对马泽淮的要求总是有求必应，很是豪爽。事实上，生性洒脱自由，对朋友一向慷慨的沈从文从来也没有在这种细碎的事情上费过心思。他认为不值得信任的便不会接触，而对于他认为可以信赖的人则从不怀疑和斤斤计较。这是他的本性，谁也难以改变。

终于有一天，沈从文到钱庄去查账，这才从账目上发觉自己已经为马泽淮花费了有一千多块钱。这些钱可是沈家出卖祖屋才得来的一点家底啊！聪明但不精明的沈从文终于意识到了问题的严重性，他想要立刻找到马泽淮算账，岂料马泽淮却突然人间蒸发了。他四处打听，才知道前几天土匪包围芷江县的时候，马泽淮就早已经带着他全部的钱财逃之夭夭了。这下子，沈从文终于明白自己的钱是再也找不回来了，马泽淮那位美丽多情的姐姐和自己的缘分当然也就从此断了。

人财两空的奇耻大辱让沈从文感到无限的懊恼和悔恨。在这样的事实面前，他不懂得如何为自己辩解，只晓得必须默默承受。但勇于承认自己的错误并不能够减轻沈从文对于母亲的愧疚。他深知自己本应该代替大哥为母亲黄英分忧解难，不想却因为自己的大意而让母亲和家里遭受如此大的财产损失。一想到这里,沈从文就再也无法控制自己内心的悲伤,伏案哭泣起来。

第二天早上,沈从文一个人悄悄离家来到了常德,如果不是路费不够的话,说不定他会一路走到北京去。他留给了母亲存款的票据和一封告别信,称自觉实在没有颜面再面对母亲和家人。

到了常德以后,沈从文住在一家小客栈里,每天连同伙食一共需要花三毛六分钱,因为一时间也没有事情可以做,所以他就像从前在辰州的部队时那样,每天靠逛河街来打发时光。他在这河街上徘徊,观察河街上的人们如何生活,体会他们的忧愁和快乐,也似乎从中得到了一点生活的启示。

不久,沈从文就收到了母亲黄英的回信。在信中,母亲告诉沈从文,既然大错已经铸成,责备和不原谅也于事无补,她只希望沈从文能够自己好好地做事,不要让家里人为他担心。沈从文看完这封由母亲口述、大姐笔录的家信,一个人默默地走到常德的城墙上,难过得又哭了一次。

就在沈从文离家后不久,他遇到了一位常德熟人。从熟人口中,沈从文得知马泽淮的姐姐在出门读书的路上被土匪抢去当了压寨夫人。不久后,又阴差阳错被一个团长看中。那团长托人用一大笔钱将她从那土匪手里赎了出来,可惜好景不长,团长很快又因为犯事被枪毙了。走投无路的马姑娘最后竟进了天主教堂,成了一名断绝红尘的修女。

听了曾经的心上人的遭遇,沈从文心里非常不是滋味。他是善良的,即使自己曾经因为这位姑娘受了骗,损了近一半家财,如今还不得不和家人分开另谋生路,但他依然是非分明,没有将对马泽淮的怨恨转移到这位姑娘身上。相反,沈从文同情和感慨于姑娘的遭际,只觉命运的反复无常,不知道自己下一步要怎么办才好。

江边,汽笛在呜呜作响,沈从文伫立在码头上观看着那些上船下船、行色匆匆的人们,他们的皮箱上贴了许多北京和上海的旅馆标识,这引起了沈从文对外面广阔世界的无限遐想。回想自己这些年在社会上所遭受的种种挫折和屈辱,他深觉自己是那样的弱小和无知。

沈从文心想,自己到底是个乡下人啊。不过,看清楚自己的处境和定位之后,这位乡下人并没有一蹶不振下去,而是再次怀着对于生活的无限激情,不顾一切地冲进了强烈地刺激和吸引着他的大千世界里去了。他必须重新在宽广的天地之间寻找新的力量。

第四节　迈出决定性一步

颠沛流离了好一段时日之后,沈从文来到了保靖,希望能够在一位做书记的表弟的帮助下投身当时被称作"湘西王"的陈渠珍所率领的部队,找一份在司令官身边当护兵这类的工作。这位表弟虽然地位不是很高,但是在帮助沈从文这件事上非常热心,大家一起将沈从文装扮成一位训练有素的士兵的样子,带着他到秘书处、参谋处和军法处等拜会那些位高权重的军中官佐们,但是令他失望的是,每次拜会后得到的答复常常都是"再等等看"。

工作迟迟没有着落,沈从文也只好厚着脸皮在表弟那里借宿。一晃几个月过去了,沈从文与书记处做事的其他几位书记也都熟识了,每次他们事情太多忙不过来的时候,沈从文就会去帮助他们,一般也就是拣一些并不是非常重要的公文来缮写。

这天，沈从文的表弟和同事们都没有回来，书记处空无一人。无所事事的沈从文只好坐下来随手抄写一封信札打发时间，这个时候，书记官突然领着一位姓熊的高级参谋进来了，看见只有沈从文一张陌生脸孔，那位姓熊的高级参谋就走过来询问他是什么名义。沈从文心里有些慌乱，因为他生怕这位高级参谋识破了他，责怪他作为外来人员竟然随意插手军中的事务，所以只好怯怯地回答说他没有什么名义，只是来这边玩，顺便帮他们一些小忙。

沈从文这样一讲，站在这位高级参谋身边的书记官也赶紧跳出来圆场，说沈从文先前也做过司书，所以做事情还是很拿手的，字也写得好生漂亮，这几天多亏了他的帮忙等。听了书记官的话，姓熊的高级参谋并未言语，只将桌上沈从文刚抄了一小段的文件拿起来端详了一番。见沈从文的楷体字果然是写得清秀有力，公文格式上也做得一丝不苟，于是当即便问了沈从文的姓名和籍贯，批准他做一名司书，每个月可以领四块钱。

就这样，沈从文练习了若干年的书法，竟以这种意想不到的方式推动了他的职业生涯，戏剧般给了正处于困厄潦倒、无所着落中的沈从文一次回报。

不仅如此，因为沈从文之前有过做司书的经验，所以总能够发现文件里的笔误之处，在用词酌句上更加讲究，加上字又写得漂亮，所以很快就深得上司器重，薪金更是从一个月四块钱涨到了一个月六块钱。一手好字改善了沈从文的境况，使得他在陈渠珍的军中取得了如今较为优越的地位。因此，每日临帖就愈发成为沈从文一再坚持的习惯。他可以在桌边一坐就是七八个小时而丝毫不觉得疲倦。并且，即使是穷得连一件换洗的内衣都买不起，他也舍得将每个月积攒起来的薪水都拿去买字帖。

在沈从文的眼里，书法从此便有着其他事物难以取代的神圣地位，而鼎鼎有名的大书法家王羲之便是最值得世人敬仰的人物。并且，他的随身物品里，除了衣服和一些吃饭的工具之外，剩下的全都是各种各样的字帖，包括《兰亭序》《云麾碑》《李义山诗集》和褚遂良的《圣教序》等。即便是要随部队移防，这些东西他也一定要带在身边。

此外，驻防营地很多部门的房子外面用来标明单位名称的白纸条子也都是书写的，用的还是虞世南字体，而沈从文自己的房间内，则凡是视线能够触及的地方，都贴满了他的书法作品。当时的沈从文带着年轻人特有的干劲儿和傲气，甚至认为只要他再坚持勤加练习和改进，定然可以超过王羲之和李梅庵等大家，名扬天下。

在沈从文的一生中，他在军旅生涯中练就的书法艺术不仅改善了他当时的地位和处境，更在后来演绎出了很多有趣又动人的佳话。比如在1946年，沈从文就以每幅一万元的价格拿出了自己的一百幅书法作品为湖南的灾民筹集救灾款；而在1947年9月，沈从文又在报纸上登出了一则"启事"，原来是当时家里遭受困难的青年作家柯原写信向其求助，沈从文便决定以最少十万元一张的售价出卖自己的二十张条幅字作为对愿意伸出双手帮助这位年轻人渡过难关的人们的回报,并且号召人们多一点热心,多为国家社会的转变作一些自己的贡献。并且,他声称卖字得来的款项还将用于资助一些已经去世的作家的家属,因为这些作家留下的作品对社会的改造和文学的进步都具有重要的意义,值得人们去尊重和爱护。沈从文写道,只有人们将对于文化和知识的信仰及热爱注入工作和生活之中,社会才能有真正的进步和改变。

给沈从文写信求助的时候,柯原还只是河北高等工业学校一名十六七岁的学生,只不过曾经在沈从文主编的《益世报》等报纸的副刊上发表过自己创作的一些诗歌。直到1980年北京的"自卫还击战征文"颁奖大会,柯原才得以见到沈从文其人,亲自向沈老表达了其对于他当年慷慨援手的深深感激之情。

从这两件小事上我们可以看出,沈从文的书法艺术在当时的确是很受追捧的,而其为人的一片赤诚更是得到了印证。

1921年,沈从文成了陈渠珍的书记。陈渠珍和沈从文是老乡,还是个儒将。他平时特别喜欢读书,并且经常自诩为现代的王阳明、曾国藩。沈从文当他的书记,既是文书,又类似于兼职的秘书。并且,因为工作的原因,沈从文经常需要在陈渠珍军部的会议室留宿。

陈渠珍军部的会议室内摆列着五个大橱柜,都是楠木做的,很是古香古色。在这些大橱柜里,存放有从宋代到明清的百十幅古画,还有几十件的铜器和古瓷,都十分的珍贵。除此之外,在会议室里还有十几箱的书籍和一大批的碑帖以及一整套的《四部丛刊》。机要秘书不在的时候,沈从文就得代替机要秘书做会议记录,或者替陈渠珍翻检、抄阅一些古籍,而这些工作都需要沈从文事先将可能会涉及的书画作者的人名、时代背景、社会地位,以及那些铜瓷器物的用处和名称等全部弄得一清二楚,因此,一来二去的,沈从文看过的旧书越来越多,知识也就越来越丰富。可以说,处理这些事务是使沈从文得以较为系统地学习和涉猎中华文明典籍的一大契机。

和秘书处与参谋处相比,军部书记的工作显然要沉重得多,因为军队中总会有大量的公文和急电需要处理,不能随意离开岗位。并且,每当这个时候,即使是三更半夜,沈从文也必须从床上爬起来去写回文。因此,沈从文总感觉自己好似无形中被软禁了一样。

但如此一来,假设沈从文没有外出而又没有公文需要回的时候,他就又变得无所事事起来。于是,他只能借此机会将陈渠珍收藏的那些古画一轴一轴地取出来挂到壁间去,独自一个人站在那里默默地观看、欣赏、领会这些画作的优美高超之处;或者,他也会为了弄清楚某部书的作者和作者生活的年代以及某件铜器上的文字及价值而跑去翻看《四库提要》《薛氏彝器钟鼎款识》和《西清古鉴》等古书。

此时的沈从文并没有预料到,正是在陈渠珍军部的会议室的这段生活经历成了他一生进行文学艺术创作和历史文物研究的文化源头和学术根基。其后来如诗如画、充满美感而又含蓄自然的文学创作风格,其实都受到了他在这段时间里所接触到的中国古代绘画传统，特别是宋元以后的绘画艺术的深刻影响。如果说，此前芷江小小的熊公馆里的藏书曾经激发了沈从文这位"自然之子"对于文明的渴望，那么这一次，在陈渠珍军部会议室里所经历的一切则成了沈从文重新凝眸了解和梳理中华传统文学、历史、艺术的窗口、起点和根基。

对于当时的生活和心情，沈从文称自己正是通过那几本古书、几件铜器、几种颜色以及他自己对于生命特有的领悟等而对有着五千多年悠久历史的中华文明形成了一个初步的、较为全面的认识，也是从这里开始，他才真正对于人类所创造的一切智慧和文明产生了广泛而深厚的兴趣，不再是一个只懂得欣赏自然和生活表面美好的乡下人了。但与此同时，沈从文那颗年轻的心灵依然是躁动不安的，但表现在外的时候，反而是一种异样的宁静。曾经疯野、自由惯了的他渐渐地变得越来越深沉内敛，和军部的一些老同事之间的交往也越来越少了。因为此时的沈从文需要获得的是另外一些东西，而这些东西是他在熟人身上完全找不到的。

彼时，沈从文的母亲和小九妹都住在沅陵，父亲沈宗嗣也从北方回到部队做了一名军医，家人们依旧对沈从文非常的疼爱和照顾，但是这并没有减轻沈从文内心的寂寞之感。他的内心十分烦乱，非常需要有人能够和他进行交流，对他的寂寞和苦恼进行纾解和启发。因此，他只好常常到屋后的山上去散散步或者到河边去溜达上一小会儿，但是无论走到哪里，他的手里总会拿上一本线装书。他或是就躺在一块草地上看书，看累了就将书放在一边,怀着几丝伤感、几分肃穆以及几多柔情看看天空中慢慢移动的白云;或是无意识地盯着小河,看那浮在河面上随了流水缓缓地流走的菜叶子。他知道,一种莫名的渴求与困顿开始占领了他的精神世界,他的心好似被什么东西束缚着,但是一时间竟也无法摆脱,这反而令他愈加苦恼了。

值得欣慰的是,就在沈从文倍感寂寞和苦恼的时候,有一个人满足了他内心的这种需求。这是个五十多岁的老者,牵一匹驮马,马背上架着的是一堆高高的平装与线装的新旧书籍,他穿着长袍马褂,举止态度都是一派斯文模样,身上更是有着大山丛中的湘西地区罕见的动人韵味和气度。

这个人便是陈渠珍过去的老师聂仁德,也是沈从文的三姨夫。这是一位当之无愧的饱学之士。1893年,聂仁德曾经和熊希龄一起进京参加会试,是同科的进士。和身处晚清民初之交的很多知识分子一样,聂仁德也承袭了"中学为体,西学为用"的时代之风,对新学和旧学均颇有研究。聂仁德一到,就被陈渠珍安排住进了狮子庵。狮子庵在河对岸的脚子洞口,风景优美,景色宜人。

自聂仁德住下后,沈从文便天天都去狮子庵拜访他。沈从文向聂仁德提出了许许多多他不太清楚但是非常想知道的问题,而这位学问渊博的三姨夫也总是不厌其烦地为沈从文一一做出解答。两个人可以说无话不谈,从中国的儒道佛到西方的近代哲学,从"因明""大乘"到达尔文的"进化论",古今中外,宇宙乾坤。他们探讨着自然原理、万事万物的因果,辩论各种学术观点，每次一谈就是好久。在聂仁德这里，沈从文似乎看见了一个更加广阔的知识天地，这和他自学时的感受完全不同。从与聂仁德丰富而有趣的对话里，沈从文获得了很多快乐，那种无名的寂寞终于得到了一丝排遣。

不过，尽管从聂仁德那里了解了很多解释自然和人生的不同学说与观点，但是沈从文将这些学说和观点与自己实际的人生经历进行对比之后，却反而感觉更加矛盾和迷茫了。他内心感到自己必须有那么一项事业或者目的去完成，但这事业或者目的究竟是什么，他不得而知，也不知道究竟怎么做才更加合适，既能符合生活的期望，又能满足他的个性需求。他不知道具体用什么办法才可以做到。

这样想着，沈从文的内心又开始生出很多对于未来生活的打算及幻想来，也因此觉得更加寂寞了。就在他内心彷徨的时候，又一个新世界的大门向沈从文打开了。

陈渠珍开始大张旗鼓地推行他的地方自治政策，要求湘西自己开办各种工场、林场、军校和学校等，甚至还开办了一个新报馆，用于印行各种新的乡治条例和规程。在这种情况下，因为这些文件大都是由陈渠珍亲笔书写的，所以沈从文又被暂时调到了新办的报馆，成了一名校对人员。

在报馆的这段日子里，沈从文认识了一位长沙来的工长。他们住在同一间宿舍，因此，沈从文常常见到这位工长手里拿着很多新书和新杂志。沈从文好奇地询问工长那本封面上画着打赤膊人像的书是什么，工长告诉他那本书是《创造》；沈从文又接着问《超人》里写的是什么内容，是谁写的，工长却反问他怎么连冰心这位天下闻名的女诗人都不知道。工长的话让沈从文有些害羞。他告诉工长他只知道唐朝的女诗人鱼玄机和清朝的随园女弟子，再新一些的女诗人他就不知道了。

在这位工长的指点之下，沈从文读了一部短篇小说，总算对新文学有了一定的接触和领略。但是看完这部短篇小说并不知足，他又把兴趣转向了工长的那些报纸，问工长是不是老《申报》，工长却一言不发地将一摞整理好的《创造周报》推到了沈从文的跟前。

深入了解了新文学之后，沈从文感触最大的便是白话文和文言文的不同魅力。文言文用"焉""也"的地方，白话文却用的是"啊"或者"呀"；文言文讲话、写文章总是要求话说得越少越好，但是白话文却是讲究说得越多越好。他将这些心得体会讲给了那位工长听，工长笑了笑告诉他，他的体会是对的，但是白话文最最重要的，还是要有思想，如果没有思想，就成不了一篇文章。听了这位工长的话，沈从文感觉更加不好意思了，简直都不敢再开口发问，因为他并不清楚工长嘴里说的"思想"又是什么东西。

不久，沈从文便完全地放开了他的那些旧书而转向看《改造》和《新潮》这样的新书了。并且，他很快就发现这些新书正是医治他寂寞和苦恼的良药。从这些新书里面，沈从文知道了很多新的事物、新的人物，并且十分崇拜他们，渴望着能够像他们一样为了理想的社会目标而追逐和努力。

沈从文受书中人物精神影响的结果就是以"隐名士兵"的名义将自己一个月的薪金全部都寄到了上海《民国日报·觉悟》，用于捐款办学。十几年之后，再次回忆起当时的情形，沈从文依然很"五四"。他称自己愿意放弃权力而选择追求知识与智慧，愿意为了自己的理想吃苦耐劳，愿意为大多数人的幸福而牺牲自己。从这几本新书里面，他开始懂得了必须思考生活，替别人着想，而绝不可以浑浑噩噩、得过且过。

三个月之后，因为军部缮写文件的人手实在不够，沈从文便被上司从报馆的校对处又调回来继续当书记。而被调回来以后，一向认真负责的沈从文仍旧是不分昼夜地低头做事，加上这时正是气候变化非常大的春夏之交，所以很快他就病倒了，而这次沈从文得的是伤寒。

伤寒这种病最难过的是患病最初的七天，只要七天不死，这关就算是已经过了。在这七天里，高烧加昏迷的沈从文早已严重到了不省人事的地步，不仅吃不进去一丁点儿东西，而且头痛欲裂，鼻血横流。好在他毕竟有过去的军旅生活体验给自己的身体当底子，在病床上硬生生地熬过了四十多天后，沈从文终于痊愈了。

在他生病的这段时间里，只有郑子参、田杰、陆镂和满振先四位好友依旧和他维持着从前的亲密友谊。其中与沈从文尤其要好的郑子参在他生病时还亲自煎药熬汤、端屎接尿，让沈从文极为感动。

事实上，喜欢个人式的奋斗、富有幻想的沈从文早已与身边那些忙于各种联谊会或者同乡会的"有志之士"貌合神离了。他们无法理解沈从文为什么拒绝他们的邀请,为什么不能融入湘西的自治氛围中来,因而渐渐与之疏远起来。但真正令沈从文感到痛苦的是,他刚刚病愈后不久,就又发生了一个让他和几个朋友都极为意想不到的灾难。

那天,郑子参、田杰、陆镂和满振先四个人邀请沈从文去游泳,结果到了河边,才发现河水暴涨,河中激流汹涌,水流冲击着河边的石崖,形成了一股回水,旋起了巨大的漩涡,让人看了只觉得头晕目眩。这时,陆镂大声地吵嚷着要下水比赛看谁先蹚过河,沈从文和其他几个人看着河里那巨大的漩涡都心生胆怯,没有回应他,这让陆镂有些生气,便赌气地爬上了高崖,脱去衣裤跃入了河中。谁知道,他这一入水,却迟迟不见浮出水面,几个人不约而同地慌了。三天后,有人在几里之外的河水下游处发现并打捞上来了陆镂的尸体。到了第四天,众人在沈从文的主持下安葬了这位朋友。

好朋友的猝然死去,给沈从文的内心造成了巨大的打击和困扰。他禁不住思索:假设他前些日子没能抵抗住病魔的侵害,那和这位好朋友溺死在水中应该也没有什么区别吧!总有一天,人是要死去的,可是如今他见到的、知道的还这么少,人生就这样结束的话,终究觉得像是少了些什么。那么他要怎么做呢?

这件事情以后,沈从文内心的寂寞感更加严重了。他常常一个人独自来到陆镂的墓前,回想自己这些年目睹过的杀戮和死亡,见过的人,看过的景,并终于明白人生本就如一场春秋大梦一般，生死浮沉，变化无常，美好的东西渐次消失和远去了，而消极丑恶的事物却依然大行其道。渐渐地，沈从文感到自己不能再如此消沉下去了，即便是要赌上自己的性命，他也要到远方去，到一个新的世界里去，他必须要自己支配和掌控命运，哪怕最后天寒地冻，路远马亡，他也认了。

就这样，沈从文最终决定到北京去闯荡一番。最好是到那里上学读书，如果不行，当一个警察也是好的。如果警察也做不成了，那他就真的向命运认厌，缴械投降。

沈从文怯怯地将他的打算向上司陈渠珍讲了出来。令沈从文感到意外的是，陈渠珍不但非常爽快地答允了沈从文的请求，还同意他额外从军部领三个月的薪水，甚至还鼓励他到那儿看看能进什么学校，如果一年两年可以毕业的话，这里可以为他寄钱过去。一旦情形不对，他想再回来，这里仍然有他的饭碗。

于是，在军需处领到二十七块钱之后，沈从文就背着他的小包袱独自离开了保靖。这一次，沈从文从常德开始坐船一路到了徐州，后因为黄河水上涨，水路不通，又辗转自天津抵达了北京，前后总共用了十九天的时间。这一次，沈从文真正迈出了对于他的一生而言极具决定性意义的一步，并且要开始在这北京城里学习更多的人生智慧了。

第五章
力透纸背，胸膛里笔墨觉醒的力量

第一节　梦想在这里开出花海

沈从文踏入北京城的时候正是1922年，这一时期的北京城还在新旧交织的阶段。尽管这里是1919年五四运动的发源地，并且经过三年的发展，"民主和科学"的思想早已深入到了全国的进步人士和追求进步的青年的心灵。但是，遗老遗少们依旧随处可见，满大街的人要么还是脑后拖一根长辫子，要么就是缠了小脚。人们以这种方式提醒着彼此——离清朝，中国最后一个封建王朝覆灭才刚刚过去了十余年，封建思想及其势力在北京城依然非常强大。

来北京之前，沈从文只是从书本上了解到北京一直都是"帝王之都"。早在春秋战国的时候，北京就是燕国的都城，即"蓟"；而在辽代，北京又被作为了陪都，改名"南京幽都府"；后来北京作为金代的"中都"、元代的"大都"，明清两代的"京师"。

站在北京前门广场上，初来乍到的沈从文茫然地注视着车水马龙的街道以及街道两旁熙熙攘攘的过往行人，既感觉新鲜刺激，又不觉间有一种被这个城市所排斥的不适感。这个傻乎乎的外地乡下人坐上了一辆排子车，被拉车的敲了一大笔钱后来到了西河沿的一家小旅馆，住进了一间普通的客房。从湘西辗转来到北京，他已经赶了十九天的路程了，一阵疲倦袭上了沈从文的心头，他打着瞌睡进入了梦乡。

也不知道睡了多久，外面的喧嚷声惊动了沉睡中的沈从文。他从床上坐了起来，侧耳倾听从隔壁传来的声音，原来是店主在催隔壁的房客交房钱呢。沈从文在外漂泊多年，对这种情形自然也是见得多了，心里知道房客若因为什么困难一时间拿不出房钱了，势必会越攒越多，令人十分苦恼。

"长安米贵，白居不易"，这个道理沈从文心里很清楚。因此，在北京落脚以后，他立刻去找当时正好暂住北京的大姐沈岳鑫还有大姐夫田真一帮忙。但沈从文没有想到的是，姐夫田真一对他想要在北京上学读书的想法却持非常怀疑的态度，并且他还絮絮地告诉沈从文目前在北京城读书有多么不吃香，很多的大学生毕业后简直无所事事等。

但是，姐夫的话丝毫没有影响到沈从文的这一决定，他坚定而激动地告诉姐夫，自己在六年中眼看着脚边上万名无辜的百姓被屠戮，他在那种愚昧残忍的环境中再也待不下去了才会跑到北京城来。他想要读点书，学点什么东西来拯救这个国家。中国再这样下去是万万不行的，必须每个人都站出来去改变、去牺牲才行，而他愿意成为这样的一个人。

沈从文的一席话让大姐和大姐夫有些无法反驳了。事实上，他们也无话可说。对于这个在短短几年的时间里就从一个调皮逃学的猴儿精蜕变为一个有思想、有抱负的新青年的二弟，他们只能表示支持。

在旅馆住了不久，沈从文便搬到了前门外杨梅竹斜街的西西会馆，因为这里可以不用交房钱。现在，为了能够顺利实现自己的求学读书的计划，沈从文不得不想方设法开源节流了。当年，沈从文的父亲沈宗嗣为了组织铁血团也曾经和同乡们住在西西会馆，不过，斗转星移，当沈从文住进这里的时候，走的却不再是他父亲的老路了。

从搬进会馆的那天起，沈从文才第一次真正体会到了北方冬天的寒冷，因为会馆虽然不收房钱，却也不提供炉火。因此，缺少取暖工具的沈从文只好不断地在会馆的房间内搓着双手来回转圈，但这也并没有让他感到暖和一些，没办法，他干脆一头钻进被子里看书来转移寒冷了。

其实沈从文之所以敢毫不犹豫地丢下自己原来还算体面的职务，独自一个人跋山涉水地跑到北京来求学，是因为在湘西的时候，他原本从报纸上了解到北京是有很多可以供他选择的学校的。但是真正到了这里沈从文才明白，学校很多是不假，只不过身无分文、毫无背景又没有读过正式的新学的他是根本无法考上大学的。沈从文想要在北京求学的梦想还是破灭了。

若是换了旁人，处于沈从文这样一种境况中，没有一纸文凭却一心想要寻找一所大学读书，恐怕早就知难而退了，但是沈从文不一样，他一次又一次地、坚持不懈地尝试和努力着。有一次，他终于考中了一个中法大学，有被送往法国留学的机会，但是却因为交不起学费而不得不眼睁睁看着大好的机会溜走了。当然，北京也有很多只要有门路就可以不用参加考试直接录取的大学，但这样的大学是和沈从文无缘的。

接下来的整整半年时间里，沈从文每天清晨都会冒着寒风，徒步走上几里地到宣武门内的京师图书馆去看书。和当时他住的冰冷会馆相比，京师图书馆简直就像是沈从文的天堂，因为这里不仅有炉火取暖，还有免费供应的开水可以喝，更有取之不尽的书本作为他的精神食粮，是沈从文真正博览群书的最佳地点。像《笔记大观》和《小说大观》等，沈从文也都是在这里读完的。

阅读了大量的中外文学作品之后，通过将新旧文学再次进行对比，沈从文愈加感受到了自己内心对于"文学革命"的思想的冲动和热忱。他常常独自一个人在屋里站起来又坐下，坐下又站起来，苦苦地思索着什么。此时此刻，他渴望能有一个人坐下来和他一起畅谈文学，但是和他同住会馆里的那些同乡大多是在北京当小职员的人，每天最大的梦想就是升官发财。

就在这个时候，沈从文在北京农业大学读书的表弟黄村生来了。看见沈从文苦闷孤独的处境，黄村生很是着急。他劝说沈从文换个地方住，还亲自为沈从文找了一间小小的公寓房。事实上，这是一间原本用于存放煤球和煤块儿的房间，里面放下一张床和一张桌子之后就已经没有多少空间了，就连窗户也是因为要租出去住人才临时开辟的。

尽管是间"窄而霉小斋"，但是在地理位置上，它却距离中国最高学府——北京大学的红楼非常近，也因此吸引了很多前来北京求学的青年入住。可以说，这间小得不能再小的公寓房是当时新的思想风气的重要聚集地之一。

由于当时的北京大学在蔡元培先生的管理下实行的是开放政策，不限制那些不注册的旁听生，因此，这段时间里，北大云集了莘莘学子。一些后来在中国甚至全世界都享有盛誉的学者和专家都曾经在北大当过一段时间的旁听生，这其中当然也包括了沈从文。

当时沈从文到北大去，主要旁听的是国文、历史、哲学以及日语。在北大旁听的这段经历，不仅让他读了更多的书，还使他结交了一大批志同道合的好朋友，减轻了他的孤独苦闷，他也从这些人身上学习了不少知识。更重要的是，通过聆听各种主义、流派和讲学，沈从文的心智得到了启发，学会了独立思考，这为沈从文后来迈进文学世界的大门奠定了良好的基础。

沈从文认为，要想改造社会，就必须用新的文学去呼吁和激发起全民族的感情，只有从文学开始着手，才能真正恢复被社会扭曲了的人性。并且，他还认为爱才是重新联络起人和人之间的关系的重要手段，唯有爱才可以重新唤醒人类的正义和热忱，打败一切假恶丑。

沈从文就是怀着这样一种伟大的抱负和理想，满怀动力和勇气地在他的"窄而霉小斋"里啃着馒头,就着咸菜开始了他夜以继日的创作,以不惜牺牲自己的身体健康的方式来完成一部部稿子。沈从文就这样一边想一边写,他要写他的经历,写他想写的一切,也敢于书写和表达所有。他写前几年在湘西看到的乡间贫苦百姓的不幸与困难、无知与愚昧,写地方军阀统治的丑恶与黑暗、血腥与野蛮……写啊写,随着一篇又一篇文章的完成,沈从文的脸上也不断地展露了带着丝丝疲倦的笑容。

文章收尾之后,沈从文就将它们装入信封,尝试着寄给杂志和报纸副刊。但是令他感到失望的是,这些稿子一旦寄出去,就像是泥牛入海,踪影全无。他将全部精力和时间都投入到了文学创作中,饥饿不断地向他逼近,甚至有一天,他几乎将自己衣兜的每一个角落都翻遍了,也只找到了几个铜板。沈从文开始意识到了问题的严重性。

就在沈从文因为饿肚子而一筹莫展的时候,住在附近公寓的几个学生,也是沈从文的好朋友来到了他的"窄而霉小斋"的门外。他们不容分说地将他拉到了附近的小饭馆里,让他饱餐一顿。没有人笑话他,因为在当时,北大附近的公寓里没有钱吃饭的穷大学生实在是太多了。实在是经济困难没有办法的时候,他们就只能靠同学、朋友还有同乡们的帮助,这都是司空见惯的事情了。帮助人的压根儿就没有要对方回报、感谢的意思,而受了别人帮助的,也自然懂得不必千恩万谢,因为大家其实都是手拉手,互相帮衬着渡过难关。

经济困难是小事,真正令沈从文感到有些灰心丧气的是投稿不顺利。担任《晨报副刊》负责人的孙伏园就认为沈从文是个没前途的写作者，有一次竟然当着众多编辑的面将他寄过来的十几篇稿子摆成了长长的一排，然后讥讽道这是某某大作家的作品，说完就立刻将这些稿子揉成一团，扔进了纸篓。沈从文内心充满了挫败感，或许姐夫说得没错，北京城不太容易混，居大不易。他一个人闷闷地沿着沙滩一直走到了紫禁城的护城河边，望着护城河刚刚结起来的冰面，这个文质彬彬的湘西人又恢复了他的那股子倔强：冰冻三尺，非一日之寒。

  总会有希望的。这样想着，沈从文立刻返回"窄而霉小斋"，继续他的创作。

第二节　一相逢，便胜却人间无数

1924年的冬天，沈从文寄出去的稿子依旧没有得到任何回复。在这种投稿无望、饥寒交迫的情况下，沈从文只好抱着一丝希望向当时几位知名作家写信倾诉了自己的困窘，在这些作家里，也包括了当时在北京大学担任统计学讲师的郁达夫。

郁达夫一收到信，就立刻冒着大雪前来看望沈从文。当时郁达夫推开"窄而霉小斋"的房门后，看见沈从文身上只穿了两件夹衣，双腿用被子裹着，整个人坐在桌前用已经冻得红肿了的手艰难地提笔写作。这个从湘西的大山里走出来的乡下小伙子，在北京的冬天，在这样一间没有火炉的窄小房间里固执地坚守着他的文学梦。

郁达夫向他打听沈从文住在哪里，沈从文疑惑地告诉他，自己就是沈从文。看着眼前这个瘦小的年轻人，郁达夫心里很是为他担忧。他告诉沈从文，自己就是他写信求助的郁达夫。说完，郁达夫还解下了自己的围巾给沈从文围上，并邀他一同吃饭去。当时的饭费是一元七角多，郁达夫拿出了五元钱付账，余下的三元多全部都给了沈从文。当时郁达夫虽然在北大任教，但是经济上其实也并不是很宽裕，其月薪名义上有一百一十七元，但实际上只能拿到三十多元。

郁达夫的帮助让沈从文感到很温暖，从饭馆里回到住处之后，他忍不住伏在桌上哭了起来。这次雪天的探望，给了当时读书无门、创作无路的沈从文以莫大的心理慰藉。而且，在沈从文的创作道路上，郁达夫这位以《沉沦》等一批优秀的小说享誉中国现代文坛的作家还是很重要的领路人。甚至可以说，在某种意义上，如果当时没有郁达夫，沈从文可能还要奋斗很久才能闯入文坛。

与此同时，看望过沈从文以后，其坚持文学创作的梦想和处境艰难的遭遇也深深地刺激了郁达夫心中对于社会现实不公的愤懑。于是，当晚他从沈从文的住处回到公寓之后，便挥笔写下了著名的《给一位文学青年的公开信》这篇文章。

在这篇文章里，郁达夫以沈从文为缩影，以讥讽而愤慨的笔调写下了其对于当时社会逼得人走投无路的现实的强烈批判与不满，对沈从文的坚韧和愚直进行了细致的刻画与赞颂。并且，郁达夫还为沈从文提供了三条摆脱眼下困境的出路：最好是去干革命，学习如何制造大炮和炸弹；其次是放弃不切实际的文学梦,回到湖南湘西老家去,继续他原来的安稳生活;最不济便还是干回他的老本行,进入军队里,当兵吃粮饷。

当然,这篇文章里的很多话都是郁达夫一时愤慨之下说出的,他并不了解沈从文当时离开湘西前来北京求学的决心之坚定。郁达夫对沈从文的这些个劝导,其实是作家对一般单纯的文学青年不认识社会的黑暗现状、心存幻想的善意提醒罢了。对此,一方面沈从文十分感谢郁达夫对自己的帮助,但另一方面,他也以微笑和沉默回应着郁达夫对自己的这种劝导。

沈从文称,自己知道郁达夫先生作为一个已经相当知名的作家,能够屈尊降贵来看望他这个穷青年,给他以精神和物质上的关怀和帮助,这是十分难能可贵的,他亦十分感激,但是,郁达夫先生却只是看到了他表面的处境,却并没有明白他为什么要这样做。

据说,郁达夫第一次到沈从文的住处去探望时,还曾在话中暗示沈从文可以向邻居或者亲戚伸手索要一些什么东西来缓解眼前的困难,但沈从文闻言只是笑了笑。尽管郁达夫没有时间去更加深入地了解沈从文,但是这丝毫不影响沈从文依旧对郁达夫满怀真挚的感激之情。这不仅仅是因为他的"一饭之恩",更是由于郁达夫在沈从文的文学创作道路上的促进作用。

也正是怀着这份感激之情,成名后的沈从文在品评其他作家作品的时候,丝毫不掩饰其对于郁达夫作品的偏爱与肯定。例如,沈从文就曾经写过一篇《郁达夫张资平及其影响》,来表达对郁达夫身上所具有的那种能够理解他人的苦闷并始终保持向前的姿态和希望的精神的赞扬，而在《论施蛰存与罗黑芷》中，沈从文还将郁达夫同茅盾、丁玲等人共同视为是不吝啬笔墨，不对行文加以过分节制来表达感情的作家，并认为郁达夫笔触柔弱而又奔放，既能够引发读者的同情，又能够肆意地向读者传递其坚持的一些观念。

实际上，在当时的情况下，世人对于郁达夫的作品的评价是在逐渐降低的，唯有沈从文，在基于对郁达夫的人品的肯定的同时，还能够对其作品保持中肯而客观的评价，既不跟风批判，也不随意夸赞，只是抽丝剥茧地为人们指出了郁达夫作品中值得肯定和传承的一面，这一点非常难得。

还值得传为美谈的是，周作人在编辑《中国新文学大系·散文卷》的时候，郁达夫曾提请周作人考虑选入沈从文的作品。而且在1936年，福州的一家报纸向很多知名作家征求其所喜欢的文艺读物推荐时，郁达夫就推荐了一本沈从文的《阿丽思中国游记》。这部小说是沈从文受卡罗尔创作的儿童文学作品《爱丽丝漫游奇境记》的启发而创作的一部小说，他通过描写阿丽思和她的兔子伙伴在中国漫游途中的所见所闻，讽刺了当时很多发生于上流社会、知识阶层的奇异现象，同时也讽刺了西方帝国主义和种族主义的种种表现。

由此可见，郁达夫和沈从文尽管交往不多，但却是互相信赖、志同道合。1941年，郁达夫决定前往苏门答腊隐避，在走之前还曾经考虑将自己的儿子郁飞托付给当时在西南联大教书的沈从文，不过最后这件事并没有落实。但郁达夫在危急时能够在第一时间考虑到沈从文，充分说明了沈从文的为人是深得信赖的，而文学大家们之间的这种投桃报李、令人感动的君子之情亦值得后世将他们列为楷模。

第三节　不再沉睡的文学灵魂

渐渐地，沈从文的文章开始出现在各大报刊，他的创作势头也因此不断增强。沈从文的作品实际上十分出色。北大哲学系著名教授林宰平能够注意到沈从文，就是源自于沈从文曾经写过的《遥夜——五》，并起初以为这篇文章是出自某大学生的手笔。直到林宰平著文对其进行评论和赞赏并主动邀请作者来家中做客的时候，才惊讶地发现原来沈从文并非什么天之骄子，而是一个处境艰难却依然为了梦想执着坚持的优秀文学青年，这令林宰平很是感动。

林宰平鼓励沈从文要坚持下去，抱定自己的文学理想不要放松。并且为了能够帮助沈从文解决一下实际生活的问题，林宰平还通过梁启超将沈从文引荐给了熊希龄，因为熊希龄在香山办的慈幼院里正好缺少一名图书管理员，月薪二十元。其实，熊希龄与沈从文是有亲戚关系的，但是沈从文从未想过投奔他，一直默默自己奋斗着。直到林宰平和梁启超出面介绍以后，他才最终投奔到熊希龄的门下做事。从这件事情上，可以看出来沈从文的倔强个性。

沈从文到了香山以后，熊希龄对他蛮客气，有时候会将他叫到自己所住的公馆香山双清别墅，一起讨论国家大事，夜深了都不曾察觉。或者有的时候，熊希龄会和沈从文在古树下、山阶上一起谈论时事，讲讲佛理哲学之类的。后来，熊希龄推荐沈从文去北京大学的图书馆，由袁同礼教授教沈从文文献学和编目学。

香山位于北京的西北郊，是著名的风景区之一。自古以来，香山一直被封建统治者据为己有。1860年和1900年，香山先后两次遭到了帝国主义联军的破坏，其中由清代乾隆皇帝花费巨资在香山的脚下扩建的静宜园也毁于一旦。而到了民国的反动统治时期，香山再次成为各种官僚、政客、军阀以及资本家竞相占领、造园建馆的地方。也就是在这种情况下，熊希龄因为正在北京主办慈善事业，就在静宜园建立了一所专门收养战争孤儿的"香山慈幼院"。

刚到这里的时候，沈从文对香山的生活和工作环境还是十分满意的，因为这里毕竟风景秀丽，空气怡人，远离了城市的喧闹，有利于他安安心心地写文章、搞文学创作。加上他在香山也算是有了固定的职业，再也不必为了柴米油盐和吃喝拉撒这样的琐事操心了，因此这段时间给沈从文带来了一个创作上的小高峰。

但是，在沈从文的心里，他一向都非常厌恶这种以联姻的方式建立和巩固起来的湘西上层错综复杂的统治网络，比如熊希龄的弟弟熊捷三是沈从文的姨夫，沈从文的大姐又嫁给了熊希龄的外甥田真一，这些错综复杂的关系让沈从文感到头晕目眩，所以沈从文和熊府之间终究是有着巨大鸿沟的。慈幼院并不是世外桃源，生性耿直的沈从文不久就与这里的一帮势利小人发生了矛盾，而引起矛盾的导火索则是沈从文发表的两篇小说《棉鞋》和《第二个狒狒》。

事情具体是这样的，有一天沈从文到剧场去看戏，进门以后看见前边有座位，便挑了一个比较好的位子坐了下来。过了一会儿，慈幼院的教务长也来了。沈从文本想要和这位教务长打一下招呼，但没有想到他直接弯着腰跑到了比较靠后的几排的边座上坐了下来。当时沈从文有些不明白，等过了会儿他看到熊希龄也进场了的时候，他才恍然明白这位教务长不敢坐到前排来的原因竟然是害怕熊希龄，于是忍不住对这位教务长露出了嘲讽的笑容。

不久，沈从文就将这件事情写成了一篇小说在《晨报副刊》上发表了，里面将这位教务长比作了"第二个狒狒"，讽刺了他媚上欺下的状态。这篇小说发表后，教务长对沈从文怀恨在心，一直伺机挑他的毛病。直到八月的某一天，他终于抓到了一个把柄，那就是沈从文的棉鞋。原来那天天气很热，沈从文却还是穿着一双棉鞋吧嗒吧嗒地进了香山图书馆。在沈从文的心里，他一向认为有学问、有德行的人才是真男儿,个人价值在于自己的内心,衣着打扮不值一提。所以即使平日里有人对沈从文的穿戴随便有所微词,他也从来不放在心上。何况这次他之所以大夏天穿着棉鞋进馆,也是因为经济窘迫买不起新鞋。这双鞋还是两年前他的表弟黄村生送他的。

这位教务长因为一心找茬,故意奚落沈从文。沈从文有心解释什么,却只瞥见馆里的其他同事也对他露出了嘲弄的微笑,低下头小声地议论着他脚上的鞋子,这让沈从文感到了莫大的羞辱。不久后,他又在报上刊出了另一篇名为《棉鞋》的小说,在里面塑造了嫌贫爱富的图书馆馆长的形象,并顺便嘲讽了围在这位馆长身边的一群工作人员的势利窘态。

这一次,沈从文可以说是犯了众怒,教务长一行人直接便将他的另一篇小说《用 A 字记下来的故事》反映了上去,因为这篇文章是沈从文以熊希龄在五十五岁时举办的盛大宴会为题材,在内容上描写和讽刺了包括熊希龄在内的上层社会人群的行为举止和心理活动,笔触十分犀利。

这件事情之后,沈从文在熊府的待遇开始直线下滑,连听差的下人们也不再将沈从文这个从湘西来的乡巴佬放在眼里了。

沈从文是倔强的,他绝不容许自己的人格受到丝毫侮辱,就为了一顿饱饭而屈膝在一群势利之徒的屋檐下,他是万万做不到的。因此,他随即便简单地收拾了行李,没有向慈幼院的任何一个人打招呼便离开了静宜园,离开了香山。他要彻底地离开他的阔绰亲戚,离开"施恩"者,回到北京大学附近的公寓里去，去那里重新过他的自修生活。他告诉自己，他可不是为了吃饭做事才来到北京的，就算回到公寓里他还要忍饥挨饿，但是也一定要回去，因为他要的是人格独立和尊严。

第四节　有一种味道叫同类

对于像沈从文这样有志于文学创作的一类青年人而言，如果能够和三五个志同道合的朋友在一起交流切磋，分享创作的快乐，那真是人生的一大幸事。沈从文与胡也频、丁玲就曾经有过这样的幸运与快乐。

1925年1月13日，沈从文以"休芸芸"的笔名在《京报·民众文艺》上发表了一篇文章。不久，《民众文艺》的两位编辑寻到了沈从文的住处，他们便是胡也频和项拙。沈从文和胡也频见面后越聊越投缘，不记得说了什么，只记得当时两个人天南海北地聊了很多空话，还喝了许许多多的开水。

这件事情之后大概过了一个星期，有一天早上，胡也频带了一个非常年轻的女子来拜访沈从文，这个女子便是丁玲。当时她留着短发，脸圆圆的，身上穿的是"五四"那段时间女学生们经常穿的那种灰布上衣和青绸短裙，笑嘻嘻地站在门边看着沈从文。丁玲原名蒋祎，字冰之，湖南临澧县人，是胡也频的女友。因为听人说沈从文"长得好看"，她便慕名跟着胡也频来拜访沈从文。沈从文是个乡下人的直筒子脾气，见了丁玲也不绕弯子，直接问她叫什么名字，丁玲答姓丁，沈从文笑说丁玲长得像个胖子，却偏偏姓个"一丁点儿"的"丁"，还真是挺有趣的。

很多年以后，沈从文在其作品《记胡也频》里描述过他第一次和丁玲见面时的感受。他称眼前这个圆脸长眉的女子和一般的平凡女子并没有多少区别，唯一不同的便是仿佛不懂得如何料理和装扮自己，有着强烈的旧式的朴素感，而不像别的年轻女孩子一样会展现自己娇媚的一面。因此，一开始，沈从文只觉这不过是一个不起眼的小姑娘罢了，而直到渐渐和她熟络起来以后，才明白丁玲身上有着普通女子难以匹敌的须眉豪爽之气，是个十分值得交往的朋友。

三个人介绍寒暄之后便坐下来开始交谈，这时沈从文方才发现他和丁玲之间原本就有很多值得熟知彼此的理由。原来，沈从文的大哥曾经跟随湘军在丁玲的家乡临澧县城当地一家蒋姓大户家里住过一晚上，而在这位大户小姐的闺房中，沈从文的大哥见到了一幅赵子龙骑白马的画作。因为沈从文的大哥是位非常爱画的人，所以就对这幅画以及这位小姐印象颇深。事实上，这位蒋姓的大户人家其实就是丁玲的伯父家，而那幅宝贵的白马图则一直由丁玲保管着。丁玲在常德的桃海女子师范读书的时候,曾有一位杨姓的女友。这位女友是沈从文的同乡,后来便是沈从文曾为之传递情书的尤嫂,也就是沈从文的表兄黄玉书的妻子。

就这样,沈从文第一次觉得世界这样小,他和丁玲越谈越兴奋。同样浓厚的湘音、同样四处漂泊的身世、同样对于家乡的思念,所有这些都让沈从文和丁玲之间自然而然就产生了深厚的友谊。

沈从文和丁玲、胡也频三个人也算是意气相投,共同的文学梦想令他们彼此之间越加亲密。他们都一心一意地想要闯入中国文坛,对文学的理想和热情就这样团结着这三个年轻人的心。后来,三个人经常住在同一家公寓里,并一同到北京大学去当旁听生,是当时京城公寓中出了名的"岁寒三友"。

不仅如此,沈从文和胡也频、丁玲在文学创作的风格上有相互影响之处,特别是丁玲早期的一些作品受沈从文的影响尤其明显,如她的《在黑暗中》发表了以后,《小说月报》的编辑叶圣陶看了她的原稿就认为其不出沈从文和胡也频这两个人之手,又比如沈从文投稿的《现代评论》就被认为胡也频是他的又一笔名。更有意思的是,这三个人的字迹甚至都很相似,同样是布满了窄行稿纸的密密麻麻的小字,字与字之间的疏密还有涂抹勾勒的方式都所差无几。

在那段时期,支配着北方文学潮流的主要刊物是《语丝》,如果哪个有志于文学创作的人能够在这家刊物上发表点儿什么东西,就会立刻引起人们的关注。沈从文托胡也频找了一位熟人将自己的一篇小说《福生》交给了周作人,当看到《福生》在《语丝》上发表的时候,沈从文感动得直抱着胡也频哭了起来。因为对于沈从文他们这几个文学青年而言,发表作品是艰难的。

也正因为如此,沈从文和胡也频、丁玲立志一定要创办一份他们自己的刊物,甚至为了给杂志起名而费尽心思。但是理想是理想,他们的生活都尚且靠微薄的稿费勉强维持着,更不要说创办刊物要花费的巨大钱财了。他们无数次地商讨和议论,每次又都无可奈何地决定暂且将这个心愿放置在一边,等有了钱再说,毕竟填饱肚子、维持生活才是最基本的需要。

1926年,南方的革命开始蓬勃发展,北伐战争的枪声一路向北,国民革命军排山倒海地扑向了各地的军阀。北京有很多的学生纷纷南下到了武汉、广州等地,但是只有他们三人毅然坚持留在了北京。这个时候,沈从文和胡也频的文章已经开始慢慢地得到社会的认可和欢迎,三个人的文学创作正在进入一个小小的高潮期。

从1924年到1927年,这三年的时间里,沈从文已经发表了170多篇作品,各种类型的都有。如1926年北新书局就出版了他的《鸭子》,而1927年新月书店又出版了他的小说《蜜柑》等。此时,在文坛初露峥嵘就已经显示出了一个未来高产作家的风貌的沈从文的的确确可以说是成绩斐然。

其实,除去对文学创作的坚持和热情,沈从文在这段时间的高产和成绩背后还有一个深刻的原因,那就是沈从文的父亲沈宗嗣,这个一辈子梦想当将军的湘西男儿带着遗憾离开了人间。沈宗嗣没能为他的妻儿留下什么遗产,而沈从文的哥哥和弟弟也都身在行伍,行踪不定。无奈之下,沈从文的母亲黄英只好带着沈从文的小九妹来到北京投奔沈从文。为了养活一家三口,沈从文每天都在着魔一样地写作着,没日没夜,勤勤恳恳。沈从文知道,他必须挣来足够的稿费,才能够肩负起生活的重担。

1928年,尽管很不愿意离开北京,尽管还眷恋着北京大学的民主氛围、学术交流以及人与人之间的亲密和友爱,但是为了全家人的生活来源,沈从文还是不得不只身来到了"十里洋场"的上海。在当时,西方列强都在上海划有租界,设置办事机关、警察局或者巡捕房,还有军队等。沈从文刚到上海的时候,就住在法国的租界里,他非常厌恶那些来来往往于黄浦江上的轮船和外国军舰,这让他有一种屈辱感,但是他心里明白,为了生活,他必须要在上海住下来。

不久,胡也频和丁玲夫妇也双双南下到了上海,这给只身在上海倍感寂寞孤苦的沈从文以极大的安慰。胡也频到了上海之后,受聘任《中央日报》副刊的编辑。上海书业的不断兴旺也让沈从文他们三人作品的发表有了一定的保障,沈从文和胡也频、丁玲再次想到了创办刊物的心愿。三个人同时办起了两份刊物,而且都是月刊,由胡也频负责《红黑》,而沈从文和丁玲负责《人间》。

为了这两份刊物,沈从文不得不再次加重了自己的写作任务,但是他认为最辛苦的还是胡也频,这个海军学生不仅要负责《红黑》的编辑工作,还要经常跑去印刷所、购买纸张、联系书店、送稿、算账等等,总之大部分的工作其实都压在胡也频身上。

值得欣慰的是,《红黑》和《人间》的创办都获得了极大的成功。其中,《红黑》的第一期仅在上海就出售了一千多本,而《人间》面世之后,北京、厦门、武汉等各地的朋友纷纷来信,称赞他们的杂志有内容、有分量,并表示愿意帮助发行杂志,希望他们多寄一些过去。这三个好朋友开始兴奋得合不上嘴。能够让读者们翻阅和购买自己创办的刊物,这是多么令人满足的成就啊!这三个年轻人用他们的行动再次证明了一个简单却深刻的道理——天道酬勤。

对于这一回忆,丁玲后来曾称他们三个"又穷又傻的人"是不愿意受那些唯利是图的商人的掣肘才想方设法创办了《红黑》,希望用这种方式去改变社会现实;而沈从文则声称其想要创办自己的杂志的根本原因是他认为文学应该也必须有其独立价值,他既不支持左派,也不轻视右派,他只是想搞真实的文学而已。

总而言之,这三个人创办这两份刊物的主要目的还是不想像商人一样为了迎合读者的口味而泯灭文学的声音,更不愿意为了政府的"五斗米"而站出来替政府说话。他们追求文学的独创与真实,这是他们的友谊的根源,尽管这里面也不乏一定的分歧。

但是成功的喜悦并没有延续太久,在商业竞争排斥和资金的制约之下，1929年，《人间》杂志创办到了第四期就停刊了，而《红黑》艰难支撑到了八月份也最终牺牲了。历时一年多，这三个人非但没有能够从创办这两份杂志的过程中赚到钱，反而将原先的本钱也都搭了进去，但至少，这是他们用努力铭刻下的属于他们三个人共同的生命印记。

从开始筹备到最后结束，通过红黑出版社，这三个人统共出版了七种单行本小说。在这期间，沈从文写下了《神巫之爱》《龙朱》等，丁玲完成了《韦护》，而胡也频的长篇小说《光明在我们前面》也是从这里开始的。

不过，尽管患难与共使得三个人产生和积累了深厚美好的友谊，但是他们在思想领域的分歧和矛盾也越来越大。丁玲在《丁玲谈早年生活二三事》中就曾经明确地承认道，在思想上，北京那段时期的她是"左"的，胡也频是中立的，而沈从文是右的。就这样，三个曾经共同秉烛夜读、无话不谈的好朋友如今却变得话不投机起来。他们或者都陷入了死一般的沉默之中，或者就开始为了彼此的观点争执起来，谁也无法认可谁，谁也无法理解谁。

对此，沈从文却始终坚持着他自己的想法。他认为一个作家的实际成绩就是创作。无论在任何情况下，他都必须自己掌控自己的思想和笔下的文字。他不认为自己和他人相比有什么高明、高尚的地方，甚至承认自己有很多的缺点。他渺小、软弱、卑微，甚至俗气，但是这都不是他可以放弃文学的真实性的理由。文学是他的生命，而真实就是其追求的本源。无论如何,他都不能放弃和屈服。

令人欣慰的是,沈从文和胡也频、丁玲虽非同志,却仍是知己知彼的友人。

1931年1月17日中午,胡也频忽然找到沈从文,要求他下午到自己的住处去为房东死去的小儿子拟一副挽联,沈从文爽快地答应了下来。送胡也频出门的时候,沈从文看到胡也频只穿了件单衣,就为他披了一件母亲刚刚为他做好的海虎绒的棉袍。然而,沈从文没有想到的是,当天下午,胡也频在参加党的会议的时候就被捕了。他托人带了一张便条给沈从文,要求他火速去与胡适商量将他保释出来。

第二天天刚微明,沈从文就立刻赶到了丁玲的住处。此时的丁玲早已是一脸疲倦和愁苦。尽管没有打听到丈夫胡也频的消息,但是她也已经听说有别的人被捕了,所以直觉预感到了什么,心里明白今后将要面临怎么样的状况。一听说沈从文带来了胡也频的消息,努力克制自己保持镇定的丁玲立刻上前来夺过了那张黄色的便条,反反复复地看了好几遍。她告诉沈从文,她一定要设法去救他,一定要把他救出来!沈从文明白丁玲的话,从当天起,他便和丁玲一起开始了紧张的营救活动。

那是个雨雪霏霏的日子,上海的天空飘着浓重的乌云,空气冷得像要钻到人皮肤里面去。沈从文和丁玲顶着簌簌的雪花、踩着泥泞的道路来到了龙华监狱。他们上前和看守交涉,却被告知只能送一些换洗的衣服和被褥进去,人是不能见的。无奈,沈从文和丁玲只好在那里慢慢地等,等到在铁门前探监的人都走完了,看守才答应了他们见胡也频的强烈要求。

监狱里面传来一阵嘈杂的人声,从被两重铁栅栏门围住的院子内走过来了几个人,沈从文一眼就看见了脚上戴着镣铐的胡也频,连忙指给丁玲看。丁玲大声呼叫,胡也频掉过头来看见了她和沈从文,他的嘴刚张开想要对妻子和好朋友说些什么,但是巡警立刻将他推走了。这个时候,徐志摩和胡适已经写信给蔡元培,请他帮忙营救胡也频等人。沈从文满怀希望地从上海赶往南京去拜见蔡元培,蔡元培却只是一声叹息,表示自己也已经泥菩萨过河——自身难保,对营救胡也频这件事情实在是帮不上忙。

沈从文并不气馁,他又接着去找邵力子,由他出面给当时上海的市长张群写了一封信,让沈从文帮忙转交给丁玲。于是,沈从文又马不停蹄地赶回上海,不过他并不清楚的是,邵力子在写信的时候就已经明白,一切都是于事无补的,只不过他不好意思对沈从文明说罢了。丁玲在市长张群那里什么回应也没有得到,无奈之下,她和沈从文只好再次连夜赶往南京找当时国民党的宣传部部长陈立夫。

在见陈立夫之前,沈从文是信心满满的,他自认为陈立夫一定会给自己这位作家一个面子。但没有想到的是,陈立夫在听说了沈从文和丁玲的来意之后便立刻表示,这件事情并不归他管,不过他可以帮助调查一下云云。沈从文又拿出了他那执着的秉性,拉着陈立夫谈了好长一段时间。

回到住处之后,沈从文告诉丁玲,陈立夫认为事情很重大,除非胡也频答应在出狱之后留在南京,那样他或许还可以再为他想想办法。丁玲断然否决了,她告诉沈从文,那绝对不可能,胡也频绝对不会同意的,他宁可坐牢,宁可死,也绝不愿意享受有条件的自由,她也不愿意他那样做。

沈从文心里明白,陈立夫是不会全心全意帮助他们的,既然在南京这边已经实在找不到路子了,不如先和丁玲回到上海。沈从文和丁玲不知道,就在他们从南京返回上海的当天晚上,胡也频、殷夫、李求实、柔石和冯铿五位革命作家被国民党反动当局在上海龙华淞沪警备司令部秘密枪杀了。这是1931年2月7日晚上发生的事情,史称"五烈士遇难事件"。

胡也频就这样早早地去世了,但这个"海军学生"以往活泼的身影总是出现在沈从文的脑海中,他开始不断地回忆起和这位好友当年相识、交谈、共游香山以及共同办《红黑》杂志的一幕幕场景,内心充满了酸楚。同年八月,沈从文写下了《记胡也频》。在这篇文章里,沈从文赞扬了胡也频为革命事业而牺牲的伟大精神,并表示一个人如果死得重于泰山,那么其精神必将永垂不朽,比某些苟活在世上的活人要有意义得多。人活在这个世界上,就必须清楚哪些事情是值得做的,什么东西才是永恒的。

胡也频遇害之后,丁玲在上海的情势也岌岌可危。1931年4月份,沈从文只好放下手头的工作,带着郑振铎借给丁玲的两百块钱稿费以及他从徐志摩处借到另外一些钱一路护送丁玲母子回到了湖南。1932年夏天,沈从文在从青岛前往苏州途经上海的时候曾去探望过丁玲,此时她已经和冯达同居了,但从这个时候开始直到1933年5月14日丁玲被捕,沈从文和丁玲两人不但没有见过面,更断了通信联系。

丁玲被捕以后,沈从文和上海文化界的人士联合发起了营救丁玲的行动,但因为对营救活动最为上心的杨杏佛被国民党杀害,而报纸上还一度宣称丁玲早已被害,悲愤之下的沈从文奋笔写下了《丁玲女士被捕》一文发表在《独立评论》上,以抗议国民党迫害左翼作家的无耻行径。1934年,沈从文还将《记丁玲女士》结集为《记丁玲》,并在上海良友图书公司出版,但是内容却遭到了国民党中央宣传部图书审查委员会的严重删削。

沈从文并不知道,此时的丁玲其实是被秘密地囚禁在了南京,直到1936年1月,丁玲开始在《文季月刊》和《大公报》上面发表文章以向外界传递消息时,沈从文才得知真相,并立刻前往南京看望丁玲。然而,沈从文并不知道,通过这件事情,他与丁玲之间已经早已出现了嫌隙,关系不复从前,而这其中的缘由也是相当复杂。一方面,丁玲认为沈从文因为反对其从事革命活动,所以才会在她被捕后没有尽全力进行营救,最终导致其和革命脱离;另一方面,沈从文不同意以他自己的名义将丁玲的母亲接到上海来为丁玲打官司,这也是丁玲对沈从文产生怨恨的重要因素之一。

但是,从当年沈从文写下《记丁玲女士》一文抗议国民党对左翼作家的迫害以及其参与上海文化界营救丁玲的行动来看,沈从文拒绝接丁玲的母亲到上海一定有其苦衷的,因为毕竟和写文章批评当局相比，接丁玲的母亲到上海的危险显然要小得多。何况当年胡也频遇害之后，沈从文护送丁玲母子回湖南的时候，也是冒了极大的风险的。可以说，沈从文一生都是在用实际行动证明其对于友情的重视和忠诚。

无论怎么说，是是非非，物换星移，当事人之间的事情不可倒叙和强求，这段友谊最终还是彻底葬送在了 20 世纪 30 年代这段特殊的时期。

第六章

蓄势待发,被梦想的洪流裹挟

第一节 同行不相轻

对于文学创作的梦想,沈从文的坚持实非常人所能及的,毕竟一个"乡下人"、一个"小兵"不远千里从湘西来到居大不易的北京城,在只有小学学历的背景下自学写小说,这样的人生经历,在后人看来,简直犹如唐宋传奇小说一般。

当然,沈从文最终能够实现他飞旋的文学梦想,既离不开他本人异于常人的天赋和努力,更离不开郁达夫、徐志摩和胡适等人对其文学前途的指点和提携。尤其是胡适,可以说,在沈从文崎岖的人生道路上,胡适对于他的帮助是决定命运式的。他在《尝试集》中所提出的"文学革命论"就曾经是促使沈从文踏上文学之路、追寻文学梦想的原动力之一,胡适对沈从文的文学创作和人生发展的影响不言而喻。

沈从文于20世纪20年代刚刚来到北京城的时候,本想入大学深造，结果不久便因为连标点符号都弄不明白和一问三不知，报名考试常常得个零分，连2元报名费也被人退了回来而不得不放弃了升学的打算。没有关系的沈从文进不了清华大学，便转而在北大做旁听生。

当时，成千上万的青年学子都沉浸在五四文学革命的氛围中，而通过在北大的学习，沈从文也开始明白胡适所提的文学革命的内涵，并且，他十分赞同胡适的"文学革命论"，认同新文学代替旧文学绝非一朝一夕之事，需要很多人以不同方式的努力循序渐进地去完成，而不仅仅是靠几个作家，办几个杂志就可以了。也正是在胡适的思想的影响下，沈从文渐渐产生了为文学创作和为这个社会做点儿什么的"努力试探"的想法和动力。

不仅如此，作为现代白话诗的开端，胡适的《尝试集》在文体和思想上的革命意义对沈从文的影响也非常的深远。后来，沈从文在论及中国现代其他诗歌的时候，也总是以这本《尝试集》为参照。

有一次，在去看望胡适之前，沈从文将胡适的诗拿给二儿子虎雏，让他读一读。虎雏一看，随口念出来"我从山中来／带着兰花草／种在小园中／希望花开早……"读着读着，虎雏很疑惑地问父亲为什么他口中的伟人朋友写的诗读起来就像是孩子写的一样。沈从文告诉虎雏，在胡适先生那个年代，能够写出这种小孩子水平的诗歌就已经非常了不起了，而且，如果当时没有胡适先生这些人提倡新文学的话，恐怕后人也就读不到那么多新书，接触不到那么多新的思想了，他自己也不会成为小说家。

胡适对于沈从文的帮助之大，当然不仅仅在于这一本《尝试集》，影响最深的当数 1928 年在上海中国公学的时候，胡适力排众议聘用沈从文到中国公学担任大学部一年级现代文学选修课的讲师。尽管当时沈从文也算是一个小有名气的作家，收入也不少，但是做大学教授是要有文凭的，而沈从文只是小学毕业，也尚未写出像《边城》这样影响巨大的作品。因此，如果不是相信沈从文的实力和自己的识人之明，胡适是断然不会做出这一决定的。

对于胡适的这份关爱和提携，沈从文可以说一生都一直感念于心。几十年岁月苍苍之后，沈从文再次回忆起这段往事时还非常感慨地称自己始终记得胡先生是第一个送他到学校去的人。胡适在他身上所做的尝试不仅影响了沈从文对于工作的态度，更影响了他对于师生、同道乃至陌生人的态度。例如 20 世纪三四十年代的时候，沈从文在主持《大公报》的文学副刊以及其他报纸的副刊时就曾经对王西彦、卞之琳、穆旦和何其芳等诸多诗人与作家都关心和照顾有加，这其中或多或少都源自胡适当年对他的深刻影响。

此外，登上中国最高学府的讲台也让沈从文阅读了更多的中外书籍，感受更加浓厚的学术文化的熏陶，从而在思想理论、文学理论等方面都取得了长足的进步。因此，可以说，是徐志摩的推荐和胡适的大胆任用才成就了沈从文飞旋的文学梦想，使得他成功地跨入了知识分子的行列,从而能够更加专心、稳定地进行他的思考和写作事业。这是沈从文文学创作的新起点,也是其人生的一次重大转折。

除了胡适,徐志摩作为沈从文一生的良师加挚友,对沈从文的帮助和影响也是不可忽视的。如果说郁达夫是第一个向沈从文伸出援助之手的人,那么真正帮助沈从文在文坛声名鹊起的则是徐志摩。

1925年的秋天,徐志摩接任了《晨报副刊》的编辑,并在一大堆的来稿中意外发现了沈从文,他十分欣赏沈从文与众不同的清丽文风,更惊叹其天马行空的想象力、朴实的情感体验和丰富的生活情趣。因此,徐志摩亲自写文章对沈从文进行了夸赞,并开始大量地发表沈从文的作品,使得沈从文开始获得渐渐稳定的稿费收入,经济压力也不那么大了。

并且,徐志摩不仅帮助沈从文摆脱了"窄而霉小斋",还促使胡适做出了大胆任用沈从文的重要决定,甚至常常带着他参加诗人云集的文学沙龙,迅速扩大了沈从文在文学界的朋友圈。可以说,正是徐志摩对沈从文的热心而无私的提携和帮助,才给了沈从文坚持文学创作的决心,也给了他足够的关心和温暖,在物质和精神上都极大地鼓舞了他。

作为对徐志摩对自己的赏识和帮助的回报,成名之后的沈从文曾经特意写下了两篇评论徐志摩的作品的文章,并高度赞扬徐志摩的文字的华丽与流畅,含有诗歌的精粹与和谐,这一点,很多作家都难以望其项背。不仅如此,沈从文还认为徐志摩的诗歌和散文有着独特的敏感，一种对于光和色的敏感，因而写出来格外生动活泼，五彩斑斓，令人耳目为之着迷，其中，尤以散文集《巴黎的鳞爪》成就最高。

其实，沈从文对于徐志摩作品的推崇备至，感激回报的意味自然是有的，但是两个人有着相同的审美和文学偏好这一点也是不可否认的。文以类聚，是相同的写作风格和追求才让徐志摩发现了沈从文，才能使他成为他的伯乐。

然而，不幸的是，1931年11月19日，徐志摩乘坐飞机时遇难，死于济南，当时还在青岛大学任教的沈从文闻言立刻和好友巴金连夜赶到了齐鲁大学，同金岳霖、梁思成等一众好友一起向他们共同的师友徐志摩作了最后的道别。悲伤笼罩着所有人的心，这一天，大家纷纷忙于处理徐志摩的后事，就连饭都没有顾得上吃。

徐志摩出事的时候，沈从文还不到三十岁。眼见得又一好友突然死亡，让沈从文再一次深切地感到了生命的脆弱和世事的无常。这位在文学上为他引路的师友就这样去了，此后恐怕再难有人能够如徐志摩一样对他进行赞赏和鼓舞了。他们相识相知不过五六年的时光，但徐志摩对他的影响足以令他一生铭记。随着这位挚友的去世，沈从文的内心也发生了很多的变化，他开始变得更加沉默寡言起来，并时常感到一种精神的重压。

三年后，沈从文压抑不住满心的沉痛，用几乎是控诉的语调写下了文章《三年前的十一月二十二日》，再次对徐志摩进行了悼念，并称自己在一年的时间里，接连因为世事的无常而失去了四个好朋友，他埋怨上天的残酷无情，追念这位"想飞"的师友那美丽灿烂的人格光辉，还号召人们学习徐志摩的为人和精神，凡事多一些宽容忍让，多用爱去对待这个世界，始终向上，始终充满信念，始终热情，始终奉献。那样，即便是他已经死去，但他的音容笑貌和风格精神仍在他们这些好朋友和读者心里永存。

直到沈从文晚年，每一次提起徐志摩，他都会骄傲和心痛不已，他回想他给徐志摩带来的种种恩惠，感念徐志摩的人格与作风。这个浪漫的诗人在沈从文的一生里，始终都有着不可磨灭的重要作用。可以说，在沈从文追求其飞旋的文学梦的路程中，如果没有郁达夫、林宰平、胡适和徐志摩等人对他的种种鼓励和帮助，他就不会坚持写出越来越优秀的文学作品，在文学的道路上大踏步地前进。将文学和知识薪火相传，这是多么动人的情怀啊。

第二节 一个正当最好年龄的人

1928年,落日的余晖亲切地铺洒在中国公学的操场上,一个肤色微黑的女子迎着这温柔的金黄色边走边吹口琴,她的头发剪得很短,简直像个男孩子。与此同时,一个身着青绿色长衫的青年则行走在操场的另一边,因了这欢快的口琴声而驻足侧目。那女子却是自顾自地吹着、走着,待走到操场的尽头,便潇洒地将头发一甩,转身回走,依旧是边走边吹口琴,动作利索,神采飞扬,令人动心。她叫张兆和。

身着青绿色长衫的青年,便是沈从文。彼时他已颇有名声,正在中国公学任教,而张兆和是他的学生。世间的爱情不过分为两种,一是日久生情,二是一见钟情。沈从文对张兆和无疑属于后者。操场上的惊鸿一瞥,注定了他和这个日后被他亲昵地唤作"三三"的女子一生的纠葛。

不久,张兆和便收到了来自老师沈从文的一封情书,薄薄的信中只写了一句话:"不知为什么,我忽然爱上你。"然而张兆和并没有回信。

当时的张兆和只有十八岁,是中国公学校花级的人物,功课好,又热爱运动,还是中国公学女子运动全能第一名,人称"黑牡丹"。这样一个女子,追求者自然甚多,面对追求者纷纷寄来的情书,张兆和没有像一般女孩子那样一撕了之,反而将其一律保存、分类编号,并戏称为"青蛙一号""青蛙二号""青蛙三号"……而可怜的沈从文,用二姐张允和的话说,"这大约只能排为'癞蛤蟆十三号'。"

面对美人的冷淡,沈从文这个"书呆子"不但没有心灰意冷,反而更加疯狂而坚定地展开了对张兆和的情书攻势。他一封接一封孜孜不倦地写着:

"我行过许多地方的桥,看过许多次的云,喝过许多种类的酒,却只爱过一个正当最好年龄的人。"

"如果我爱你是你的不幸,你这不幸是同我生命一样长久的。"

"望到北平天空明蓝的天,使人只想下跪,你给我的影响恰如这天空,距离得那么远,我日里望着,晚上做梦,总梦到生着翅膀,向上飞举,向上飞去,便看到许多星子,都成为你的眼睛了。"

"求你将我放在你心上如印记,带在你臂上如戳记,我念诵着雅歌来希望你,我的好人。"

……………

情深深、意切切,湘西人骨血里的蛮劲和热血就这样促使着沈从文一个劲儿地用一封封的情书轰炸着意中人。但这样做的结果不仅没有赢得张兆和的好感,反而让美人一怒之下直接告到了校长胡适那里。胡适却是个和事佬,为了撮合才子佳人,他努力夸赞沈从文文章写得好,人也不错,又偏爱她,可以试着与之通信,然而,对于胡适的好意,张兆和并不领情。她十分不客气而又明明白白地告诉胡适自己并不喜欢沈从文,劝他早点儿断了这份痴念,免得引起不必要的闲言碎语。

张兆和既然已经把话说到了这地步,胡适也不好再强行劝说什么,于是只能写信安慰沈从文千万要坚强,不可以为了一个并不了解自己的女子而痴痴爱下去,一旦用错了情,是不会有什么好结果的。他劝他不要让一个小姑娘日后有机会夸口说她曾经伤了沈从文的心。

后来的事情证明,胡适的确是有识人之慧,但爱情往往就是如此,即便明知是情深缘浅,却还是飞蛾扑火、身不由己。张爱玲说,爱会让人卑微到尘埃里。在张兆和面前,沈从文是卑微的,正如他自己所言,他只愿做她的奴隶。当爱情让人放弃自尊的时候,不是人格不完整,而是用情至深。

作为家里的第三个女儿,张兆和并不得宠,前面有两个姐姐,后面还有一串弟弟妹妹,在这样一种容易被人忽视的成长环境里,张兆和被从小照顾她的保姆教育"做人要知足本分",由此便形成了张兆和理性务实的性格。这样一个冷静的女子,面对浑身诗人气质的沈从文，除了不解，便是厌烦，又岂能谈感情？

但是命运常常给人以惊喜，就在沈从文软硬兼施乃至快要绝望的时候，张兆和的心却像开了一条缝："自己到如此地步，还处处为人着想，我虽不觉得他可爱，但这一片心肠总是可怜可敬的了。"就为了这一句话，多情的沈从文特地从青岛跑去苏州寻他的意中人（彼时张兆和已经从中国公学毕业回到了家乡）。

那是1932年的夏天，沈从文站在石库门漆黑的大门前，他告诉门房，自己姓沈，从青岛来，要找张兆和。张家门房吉老头却告诉他三小姐不在家，请他进来等她。这是沈从文第一次到张家做客。

出来迎接他的是二姐张允和。得知意中人去图书馆看书后，不知所措的沈从文半天吐出三个字："我走吧。"张允和要他留下了旅馆的地址，待张兆和中午回来，张允和责怪她明明知道沈从文今天来还去图书馆躲他，假装用功。在张允和的劝说下，张兆和答应去见沈从文，但是得知他住在旅馆，又犯难了。去旅馆，该怎么开口呢？张允和又给她出主意，让她说她们家有好多个小弟弟，很好玩，请到他们家去。张兆和这才终于去了。

沈从文在张家玩了一个暑假，因为张兆和的弟弟们特别喜欢他讲故事。五弟寰和用自己的零花钱为他买了瓶汽水，沈从文暗暗感激，后来写《月下小景》时还特意郑重其事地标明为

"张家小五"辑自某书。

1933年初春,沈从文致信张兆和,信中婉转表示,可以请二姐张允和帮忙向其父母提亲,并且说,如果父母同意,请张兆和早点打电报通知他,让他这个"乡下人喝杯甜酒吧"。张允和帮他向父亲提亲,得到许可后,赶紧给三妹夫发了个电报,上面只有一个"允"字,一语双关,既是同意的意思也是发信人的名字。张兆和生怕沈从文看不懂,偷偷又发了一封电报给他:"乡下人喝杯甜酒吧!"

同年9月9日,沈从文和张兆和在北平中央公园结婚,四年的苦恋终于修成了正果。新婚之初的沈从文是幸福的。在回故乡凤凰探视病危的母亲时,他在船上写信给妻子:"我离开北平时还计划每天用半个日子写信,用半个日子写文章,谁知到了这小船上却只想为你写信,别的事全不能做。"而张兆和也第一次露出女孩子的娇态,亲昵地称他二哥,在信里担忧地说:"长沙的风是不是也会这么不怜悯地吼,把我二哥的身子吹成一块冰?"出现在信里的两个人,对话完全是小儿女的口吻,短暂的分离不但没有让他们感受到痛苦,反而让两人的关系因了鸿雁传书、软语温存而更加亲昵。

可惜的是好景不长,爱情一旦变为了婚姻,很多现实的问题和矛盾便会层出不穷。他们一个是浪漫的、为了爱情可以不要面包的诗人,而另一个却是务实理性的大家闺秀。以爱好来说,沈从文爱听傩戏,这种咿咿呀呀的野调在张兆和听来根本入不了耳,她爱听的是昆曲。沈从文喜欢收藏古董文物,张兆和对他这个爱好却不以为然,说他是"打肿了脸充胖子""不是绅士冒充绅士"。沈从文爱结交朋友,有时也干些仗义疏财的事,而张兆和却整天都在为家里如何生活发愁,对此更是气恼不已。

说到底,张兆和还是不够爱他,或者说,还是不够懂他。她连他写的故事也不喜欢读,挑剔他信中的错别字,她甚至对他的稿子看不过眼,忍不住去改动里面的语法。殊不知,沈从文的过人之处就在于文中的野趣,她对他,始终是不欣赏的。

而沈从文呢?与其说是爱张兆和,不如说他爱的是一个幻影,这个幻影,是《边城》里的翠翠,是《长河》里的夭夭,是《三三》中的三三,皮肤黑黑,活泼俏丽,小兽一样充满生命力。这个幻影是张兆和,却又不是张兆和。

然而所有的这些分歧也都不过是生活对他们的小小的考验罢了,真正让沈从文和张兆和难以相容的是两人立场的截然相反。沈从文是顽固的理想主义者,美是他的宗教,除此外他并无信仰,也绝不愿意抛弃自己信仰了小半生的东西;张兆和则是冷静的现实主义者,属于那种适应性强、弹性较大的人。当她穿着列宁服,积极向新时代靠拢时,他却停滞不前,拒绝接受变化。以前,他还可以遁入创作之中,可进入新时期以后,他的作品却被批评为"桃红色文艺"。既然不能再随心所欲地写作,不能再用他觉得有意义的方式写作,他选择了搁笔。这是一个与世无争的人为自己选择的道路。他总是那么顽固地忠于自己的心。

但没有人理解他的顽固,包括张兆和。那段时间,沈从文孤立无援,被大学生贴大字报,被老友们孤立,被发配去扫女厕所,因为抑郁症一度住进了精神病院。张兆和却适应得很好,后来还当上了《人民文学》的编辑,她和两个儿子都无法理解沈从文,他的儿子在回忆时称他们当时谁都无法理解父亲的苦闷,他们只疑惑既然整个社会都在欢天喜地地大踏步地向前,他为什么偏偏要在思想问题上落后呢?

为此,沈从文和家里人分居两室。每天晚上,他到张兆和那里去吃晚饭,然后带回第二天的早饭和午饭去住处吃。那几年的冬天,可能是他生命中最寒冷最漫长的冬天了吧,就是在那样的环境里,他开始将精力从写作转移到学术上,一个人就着冷饭馒头,埋头进行学术研究。家近在咫尺,他却不愿回去,不知这个时候,沈从文是否会想起胡适当年所说的话,"这个女子不能了解你,更不能了解你的爱,你用错情了。"

令人动容的是,即便是在生命中最灰暗的时期,他仍然坚持给她写信,写给他心中的幻影,他的三三、小妈妈、小圣母,他的乌金墨玉之宝。不管她爱不爱看,能不能理解,他只顾写,他在信中说:"小妈妈,你不用来信,我可有可无,凡事都这样,因为明白生命不过如此,一切和我都已游离。"这样的字句,令人不忍卒读。他并不盼望她的来信,因为在写的过程中已经得到安慰。

1969年11月,沈从文即将到干校劳动。家里一下子乱到不能再乱,张允和来看他,不明白为什么乱到无处下脚,他告诉张允和自己就要走了,在整理东西。张允和要走的时候沈从文叫住了她,从鼓鼓囊囊的口袋里掏出一封皱巴巴的信,又像哭又像笑地对张允和说:"这是三姐给我的第一封信——第一封。"他把信举起来,面色十分羞涩而温柔——接着就吸溜吸溜地哭起来,快七十岁的老头儿哭得像个小孩子,又伤心又快乐。

对沈从文来说,即便在最困难的时期,张兆和仍是他内心的支柱。他依旧固执地守着心中的幻影,在优美的文字间寻找着当年令他一见倾心的女子,哪怕风雨如晦,哪怕灯火阑珊。多少年过去了,在沈从文生命的最后一刻,他怀念的,不是相伴左右的妻子张兆和,而是那个他寻了一生的幻影。他寻她,爱她,为她说着人间最美的情话,可这个人,终其一生也只能是一个幻影而已了。

1995年8月,张兆和在《后记》中写道:"从文同我相处,这一生,究竟是幸福还是不幸?得不到回答。我不理解他,不完全理解他。后来逐渐有了些理解,但是,真正懂得他的为人,懂得他一生承受的重压,是在整理编选他遗稿的现在。过去不知道的,现在知道了;过去不明白的,现在明白了。……太晚了!为什么在他有生之年,不能发掘他,理解他,从各方面去帮助他,反而有那么多的矛盾得不到解决!悔之晚矣。"

如果命运可以重来,那个身着长衫的沈从文还会不会固执地爱上一个不懂自己的女子?或许会,因为他是沈从文;或许不会,因我们不愿这诗人永远等在灯火阑珊处守望一个不可能的人。因爱而生痴,因爱而生怨,若离于爱者,无痴亦无怨。

可一个无痴无怨的沈从文,便不再是沈从文。沈从文之所以是沈从文,就在于那寻找的痴,那守望的怨。这样的才子,即便不为生活所容,却因其赤诚而永存。

第三节　真正的赤子

2006年1月,在回忆和沈从文的关系时,云南师大离休教授方龄贵先生称沈从文和端木蕻良是在文学上对他影响最大的两个人,其中沈从文还是他的文学启蒙老师。在西南联大时,方龄贵先生所写的文章基本上都是经过了沈从文修改后才发表在香港的《大公报》上的。大学毕业之后,方龄贵考入了研究院,并且一直和沈从文保持着密切的联系,没事的时候,还总跑回本科院去听沈从文讲课。

在沈从文所有的作品里,方龄贵最喜欢的便是《边城》。《边城》虽然是作为小说写的,但其实是很好的长篇散文。有一次,方龄贵去重庆的路上偶然经过了作品描写的湘黔川边境茶峒,于是便在那里留宿了一晚,还故意跑到河岸上去看看有没有书中描写的美景和像翠翠一般的姑娘。后来,萧乾请朋友吃饭，在餐桌上将方龄贵跑到茶峒去寻访翠翠和边城的事情告诉了沈从文，沈老听后哈哈大笑，并告诉方龄贵没事的时候可以经常到他家里去坐一坐。这件事情成了方龄贵认识和接近沈从文的一个起点。也正是从这件事开始，方龄贵成了沈从文家里的常客。

后来，西南联大的老师们创办了《今日评论》，而沈从文则担任该刊物的文艺栏编辑。借此机会，沈从文将方龄贵所写的《平原》和《蜀小景》都发表在了《今日评论》上，并称赞这两篇文章均集中体现了辛代（方龄贵先生当时所用的笔名）在写作上的优点。

从方龄贵的描述里，我们可以看出，沈从文对于后起之秀的帮助和提携是非常热心和真诚的，他就是这样一个人，有着最为朴素的赤子之心，无论是用手中的笔讴歌劳苦大众，为我们描绘人间最灵动的美，还是坚持文学创作，为人师表、传授知识，他都始终抱着一颗赤诚的心，以一种谦虚而渺小的姿态去奉献自己、帮助他人，他宁愿是一个最渺小的人，为这个社会尽着自己作为一个文学家应尽的责任。

其实，不谙熟演讲技巧的沈从文并不是一个适合站在讲台上谈笑风生的人，因为他讲话带着浓重的湘西口音，而且说话的声音还非常小，很容易让人听不清也听不懂，原有的崇拜和欣赏此时也要变得不耐烦和怀疑了。在上海中国公学第一次授课的时候，沈从文就因为紧张而一句话都没有说出来。那些平日里听惯了老师们滔滔不绝、抑扬顿挫和妙语连珠的学生们自然不忍看他的窘相,只在座位上低着脑袋悄悄地议论他,而当他终于鼓足勇气开口讲授课程的时候,又因为速度过快,十几分钟就把一个小时的授课内容都讲完了。面对这样没话说的尴尬境地,这个"乡下人"只好拿起粉笔在黑板上老老实实地写道:"我第一次上课,见你们人多,怕了。"

这件事情发生后,不仅学生们议论纷纷,教师们也在说长道短,唯有胡适听说后只笑着说他上课讲不出话来,学生们不轰他,就是成功的。胡适可谓是真正的知人善任,他太了解沈从文,也深知沈从文的才学在大学登台授业绝对不成问题,只是其文弱腼腆的性格需要一段时间来磨炼而已。

事实上,尽管不善演讲,但对于登台授业,沈从文也有自己的一套方法。例如他在西南联大讲现代文写作课的时候,常常也没有什么系统,讲课的方法总结起来就是两个字——实习,也就是要求学生通过写作的实践而提高写作水平,具体的做法大概就是他讲一些范例,由学生做练习。

对此,汪曾祺在《沈从文先生在西南联大》一文中就表明沈从文在教人写作上始终都坚持着一个理念,那就是必须要让学生自己去写,如果必须要讲的话,那"讲"也只能排在"写"的后面。正因为这样,沈从文常常将自己的课称为是"实习""习作"。他认为教人写作的关键是让学生认识到自己在写作上的长处和欠缺各是什么,而绝不能够先由教师去讲授一堆框架之类的方法,然后由学生去照葫芦画瓢,那样教出来的写作根本无法称之为写作,只能是模仿。

此外，在教学方式上，沈从文还认为教师必须对学生写的文章进行后续的修改和认真的点评，这是非常重要的一步。在这一点上，沈从文那种以渺小勤劳的姿态认真对待工作和文学的态度表现得尤其明显。对于学生的作文，他总是不厌其苦地进行详细的修改，他的很多学生在写回忆文章时都非常感念沈从文为他们批改作文的事情。

沈从文的学生王彦铭称当时少年气盛的他们写起文章来总是狂放不羁、肆意挥洒，但沈从文在为他们批改的时候却是相当的认真和负责。他总是将他们写过的文章全部仔仔细细地读上一遍，然后小到标点符号的错误，行文字体的不规范，大到文章的构思和用语等，他都要为他们做细致的修改和评论。

而沈从文的另外一名学生刘北汜更是称有一年暑假，他和几个同学去呈贡看望沈从文，本来他们以为沈从文一定是在滇池边上的乡间好生休养着，岂料到了那里才知道沈从文的桌子上依旧摆满了他和同学们的习作——他依旧在不辞辛劳地为他们批改，写读后意见，令他和同学们十分羞愧和感动。沈从文为学生们所写的这些读后意见日后也成了非常独特而有价值的文论，因为他所写的读后意见绝非一般的写作书上所罗列的简单条款，而是"读后感"，所以每一篇学生习作的评语都是独一无二的。

并且沈从文写评语的认真态度是相当的罕见且感人的。据说当年陈家煜在"各体文习作"课上写了一篇小说，名为《僻静》，主旨是表现天主教方修士在修道过程中的思想活动。沈从文在阅读了他的这篇小说后，居然写出了长达三百字的长批。在这篇长批中，沈从文肯定了其文章的主旨和构思，但指出了其叙事方式的混乱和啰唆，并指出这其实是不知道如何合理使用素材的表现，而他之所以不懂得如何合理使用素材，还是因为他虽有一定的生活经验，但是在写故事方面的训练还不到位。然后，沈从文还提出了更加具体的建议，那就是让陈家煜去多翻阅一下契诃夫的短篇集，从中琢磨和体会描写人物的各种方法。他告诉陈家煜，契诃夫也常常会以教会中人为题材写故事，但他的高明之处就在于懂得不应当拘泥于对宗教仪式条规的照抄和批判，而是要始终以人为重心，通过人的行为来表现其精神内核，而作者不需要对其所要描写的人物作多余的叙述，这才是小说最本质的地方。

从批语里我们可以体会到，沈从文的读后意见不仅写得这样长，而且内容相当具体和中肯，作为一名教师，这是十分难得和宝贵的。尽管他的这种教学方式并不是每个人都能够接受的，甚至他在西南联大时期的教师资格都一直存在着很大的争议，但不可否认的是，他的确在当时用这种方式给年轻的大学生和有志的文学青年以莫大的鼓励，也极大地提高了他们的写作兴趣，并为中国现代文学培养出了汪曾祺、刘北汜、卢静、辛代和袁可嘉等一大批知名的青年作家，这种对于人才的培养实是功不可没。而这一切，都缘于他那颗认真而赤诚的心，缘于他宁愿以渺小的姿态奉献自己的伟大精神。这是一个真正的作家，一个真正的赤子——沈从文。

第四节　打磨文字的能量

在张罗和张兆和的婚事时，沈从文还曾给自己的大哥沈云麓（原名沈岳霖）去过一封信，在信中，这个曾经孤独苦闷的年轻人因为爱情的滋润而变得和从前大不相同了。他开始变得异常勤奋起来，总是精神抖擞的，好像有用不完的力气一样，总是想要拼命地做事情，而且对每一件事情都似乎充满了兴趣，每天的饭量竟也有所增长。

除此之外，沈从文还告诉沈云麓，结婚之后，张兆和可以继续到北大去读书学习，而他则决定接受到杨家编书的工作，因为这份工作既可以为他带来每个月一百五十元的现实收入，将来还可以拥有所编之书的版权，一旦书大卖，那报酬就是相当可观的了，而且这编书的工作也不算很忙，他每天仍有大量的空余时间去写写文章，和在青岛时相比要满意得多。不仅如此,这几天天津《大公报》还邀请沈从文做其副刊的编辑,具体条件仍在洽谈之中,如果最后决定去的话,那他每天的工作就更忙了,当然,生活也必将更加有趣。

字字句句都是压抑不住的欢乐和兴奋,此时的沈从文该是认为自己拥有了世间最难得的幸福吧。他拿出了一张香气扑鼻的信笺,用那漂亮的字体抄写下了《圣经》中最美的篇章——"雅歌"。他禁不住地一边写一边念出来:

"我以我的良人为一袋没药/常在我怀中/我以我的良人为一棵凤仙花/在隐基底葡萄园中/我的佳偶,你甚美丽/你甚美丽/你的眼好像鸽子眼/我的良人哪,你甚美丽可爱/我们以青草为床榻/以香柏树为房屋的栋梁/以松树为椽子……"

是啊,此时此刻,除了这样优美动人的诗句,还有什么可以表达沈从文的一腔柔情呢?

结婚之后的沈从文和张兆和在北平达子营胡同二十八号民房小院里度过了温馨甜蜜的蜜月期。此刻的张兆和也成功地褪去了作为女学生的青涩莽撞,而俨然变成了一个聪明能干的小主妇。她为沈从文做饭煮茶,叠被铺床,穿针引线,把家里的一切都打理得井井有条。

在春风得意之际,沈从文的文学事业也开始如日方升。在1933年9月婚礼后,过了有半个多月的时间,沈从文到已经创刊的《大公报·文艺副刊》做起了主编。并且,在沈从文的主持之下,《大公报·文艺副刊》很快成长为能够和当时上海的《申报·自由谈》一较高下的重要文学阵地,萧乾、卞之琳、沙汀和王西彦等一大批优秀的青年作家也是在沈从文和《大公报·文艺副刊》的支持下逐渐走向成功的。

因为此时的沈从文在文坛也算有了些名气,所以很快就招徕了一大批著名的作家,像周作人、冯至、废名、朱自清、冰心、俞平伯、凌叔华和林徽因等。沈从文经常和他们聚集在自己达子营寓所的院子里,一边聊天喝茶晒太阳,一边畅谈文学和创作。

与此同时,稿件也是如雪片儿般纷至沓来。有的时候,一些年轻的朋友还会亲自来送稿件,而沈从文也总是微笑着鼓励他们写下去,并且会非常认真地替他们写批语和修改,或者将他们的稿件推荐给别的一些报刊。之所以这么做,是因为沈从文常常从这些年轻人的身上看到当年那个缩在"窄而霉小斋"里苦苦地写稿并四处寻求发表的自己,所以他非常能够理解投稿者的那种期待的心情,也很乐意多给他们一些信心和帮助。

爱情的甜蜜似乎也打磨了沈从文进行文学创作的能量,从1933年9月9日沈从文和张兆和结婚之后,他写出了其堪称一生中最好的几部作品,包括中篇小说《边城》、书信集《湘行书简》以及散文集《湘行散记》等。爱是上天对人类的恩赐。在爱的催化剂的作用之下,沈从文用手中的笔,写着一篇接一篇精美的文学作品,如同一池的莲花在夏日微醺的晚风中徐徐绽开,香远益清,满池芬芳。

但正如沈从文对张兆和所说的那样,"对于这些文章我不觉得骄傲,因为等于全是你的。没有你,也就没有这些文章了"。

沈从文的一切最美的创作，其灵感都来源于张兆和，是这个皮肤微黑的绝美闺秀，成全了这位才子的文学巅峰。他的一切，都离不开张兆和。

在创作的时候，沈从文的脑海里只有一个如巫山神女般虚幻完美的女子形象，所以现实里的沈从文，也只好在文字中把自己变为一个同样虚幻完美的王子，以求获得恋人的欣赏。例如在小说《龙朱》里面，沈从文就将男主人公龙朱幻化为了一个犹如希腊神话里的阿波罗神般皎皎如天上月，可望而不可即的人物，并用完美的歌声俘获了心上人。事实上，《龙朱》里描写的龙朱的心上人——黄牛寨寨主女儿也是沈从文内心理想爱人的化身。正是在这种幻想中，沈从文那黑夜般的忧郁才能够得以缓解和排遣。

在上海中国公学遇见张兆和之后，他对张兆和的苦苦追求得不到任何的回音，潜藏在内心的苦闷和抑郁也就更加强烈，正是在这种情绪下，他创作了《丈夫》。这部小说描写的是为了养家糊口而在花船上陪过往的水手们过夜的湘西年轻女子"老七"的故事。小说中，"老七"的丈夫从乡下进城来探望妻子后那种痛苦的心情也恰恰反映了当时的沈从文因为爱而不得而郁郁苦闷的心理状态。

及至在苏州九如巷内，沈从文与张兆和的关系有了可喜的进展，并且为了讨好张兆和，实现其对张兆和的小五弟张寰和的承诺，沈从文创作了当时被人称为"新《天方夜谭》"的《月下小景》。这是沈从文根据佛经故事改写的一部短篇故事集，在用语、情节和叙事上都处理得非常好,特别是故事中人物的对话极为精彩。沈从文自己对这部作品也是极为满意的。

不仅如此,沈从文还将《龙朱》及《月下小景》的成功均归功于张兆和。他认为,正是张兆和一开始对他的拒绝,才让他写出了《龙朱》,而她给他的希望和陪伴,则催生了这部《月下小景》。沈从文相信,若他拥有了张兆和,便是拥有了爱和幸福,也必然会在这种爱和幸福的滋养之下,写出更多精彩的文章和故事来,将他们的幸福传递出去,让世人都能获得幸福和快乐。

此外,张兆和对沈从文打磨自己文字能量的最大的激励和成全恐怕就是《边城》了。这部小说堪称沈从文笔下的一颗最为璀璨的明珠,在经历了时间的漫长洗礼和冲击之后,仍然不减其半分美与光辉,这样一部伟大而秀美的作品,同样有张兆和的影子和功劳。

那是1933年的初春,沈从文和张兆和刚刚在青岛订婚,青岛大学的新任校长为了慰劳新人的相思之苦,特意将张兆和聘来青岛大学的图书馆工作,而张兆和一到青岛,沈从文便迫不及待地带着她到崂山游玩去了。尽管在这之前沈从文其实已经跟朋友来过这里很多次了,但他一直梦想着有一天可以牵着张兆和的手,在崂山奇秀的风光中嬉戏游玩,顺便寻访仙人遗迹。如今,佳人已在身边,他当然要立刻去实现心中的梦了。

那天正是雨过天晴,天空看上去像是要滴下蓝色的墨汁来。沈从文正和张兆和蹲在溪水边洗手玩耍,却见溪的对岸站着一位身穿白色孝服的姑娘,年纪只有十四五岁,手上拿了个小小的白色纸幡，在岸边边哭边化纸钱，哭声十分哀怨动人。将纸钱全部化完以后，小姑娘便从溪水里打了一罐子水摆船走了。这让沈从文禁不住想起自己的家乡凤凰县"起水"的风俗，也就是家里有长辈们去世的时候，小辈们要去附近向"土地"告庙，然后在河里或者井里去取一些水，象征性地洒在死者的脸上，意思是帮死者洗净在尘世间的污秽，从而让其能够安心地进入极乐世界。

望着在澄明的青山绿水间飞舞的那片白色纸幡，以及那姑娘渐行渐远的凄清飘零的白色身影，沈从文只觉得似曾相识，又感到一种莫名的难以言说的"美丽的忧愁"，这一份灵感瞬间跳进了沈从文那颗温柔浪漫又细腻的文学心，他敏感地预知了什么似的，立刻告诉身边的张兆和他一定要写个很好的小说给她看。面对沈二哥的这句话，张兆和只是笑了笑，并未放在心上。

而到了当年的秋天，沈从文在写完《记丁玲女士》之后，就真的为了当时在青岛崂山对妻子张兆和许下的诺言而开始创作新的小说——《边城》。从这部《边城》开始，再也没有人可以像沈从文一样，能够用那般明净如水的文字来描述如此之美的一个地方，并写出如此动人的故事。这样一部小说，甚至已经超出了小说本身，而完全是一首浑然天成的牧歌了。

"边城山色碧罗裙，小翠歌声处处闻"，《边城》之后，但凡是在湘西有水的地方，人们总是会忍不住想起沈从文笔下的翠翠和她的故事。人们被沈从文的《边城》打动了，也因为这个忧伤而朴素的故事爱上了他笔下那个叫翠翠的女孩子。就连民国著名的才女林徽因对这篇小说也钟爱到了即使躺在病床上也要读，并赞叹这才是真正优美的小说。

"《绿玉》(《边城》的英译名)青春永不磨"，世人多是先知道沈从文和他的作品，但谁又曾想过这样一部如千古不磨的珠玉般的作品却是沈从文为了张兆和在不经意间许下的一个爱的承诺呢？没有爱，就没有奇迹，没有张兆和，就没有世人眼中大名鼎鼎的沈从文。有些爱，是成全，是天意。这个女子帮他打磨了文字的能量，给了世人一个最温柔动人的才子。

第七章
奋笔疾书,生命最旺盛的年华

第一节　边城，边城

沈从文一生创作的作品无数，但从受欢迎、肯定和知名度而论的话，《边城》无疑是其文学创作生涯中的巅峰之作。而这样一部知名度极高、文学艺术价值也极高的作品，究竟是在哪些人和事、哪些缘由和因素合在一起酝酿、发酵出来的呢？作者在这样一部巅峰之作的背后又隐喻和表达了怎样的情感和体验呢？

《边城》最初于1934年1月1日至21日连载于《国文周报》的第十一卷第一期至第四期，同年3月12日至4月23日连载于《国文周报》的第十一卷第十期至第十六期，由上海生活书店出版，1943年9月开明书店出版了改订本。

若要追溯作者创作《边城》的源起，可以从沈从文在二十几岁的时候随部队移防到川东经过茶峒这个地方时的经验开始说起（注：一开始很多人都误以为《边城》描写的是沈从文的故乡凤凰县，但实际上他的这部作品是以湘西边境靠近川东地区的一个小城茶峒为原型的）。

1921年，沈从文随部队入川，在经过茶峒这个地方的时候曾经在当地的一个小庙里留宿过两天。部队开拔的时候，天上下着牛毛般细密的雨丝。大约行了四里路之后部队开始渡河，在那里，沈从文见到了平生只看过一次的那种用木头编成的渡筏，并且时常听见杜鹃非常悲哀的鸣叫声。第二天到了棉花坡，部队又向上翻了大约有二十五里，在半路上沈从文见到了很多被劫匪杀死的人，而山顶上的一些堡寨也早已经被焚烧毁损了有一段时间。这是沈从文创作《边城》的一大重要信息。

到了1933年，沈从文在去青岛崂山北九路上，碰见人家有老者去世，报庙招魂当中有一个小女儿，哭得十分可怜凄惨。当时沈从文告诉张兆和，他深切地懂得这个小姑娘的不幸和痛苦，他一定要将她的故事写出来，糅入她如张兆和一般的善良和美丽，写成一篇极好的作品献给张兆和。这便是《边城》最初创作的一大幻念。

而在《湘西散记·老伴》中，沈从文回忆自己在当小兵的时候，在泸溪县有一个叫作"傩佑"的小伙伴，这位小伙伴看上了城街上一家绒线铺的一位名叫"翠翠"的女孩子。十年之后，沈从文故地重游时，来到这家绒线铺前，看见一个发辫上缠着白色绒线的小女孩，名字唤作"小翠"，而她的妈妈便是翠翠，且刚刚过世。那一瞬间，沈从文强烈地感受到了时间的流逝与无情。后来他在创作《边城》的时候，女主人公"翠翠"的名字以及聪明温柔的个性就是以这位小女孩和其母亲为灵感塑造的。

九月，同张兆和结婚以后，事业和爱情两丰收的沈从文终于有时间安安静静地开始《边城》的创作了。他希望可以将《边城》创作为一部纯粹的、不沾染世俗之气的理想作品。入冬之后，因为沈从文的母亲黄英病重，他不得不中断了写作，启程返回湘西老家，并在路上写出了著名的"水上情书"——《湘行书简》。这时是1934年，距离他离开湘西已经有十年了。

在老家陪母亲待了三天之后，沈从文方才返回北平。刚到家中，便接到了大哥的书信，得知母亲在他返程途中就已经去世了，丧事也办妥当了。此后，怀着满心的悲伤，沈从文继续投身到了《边城》的写作之中，并最终于四月份完稿。

在《边城》的题记中，沈从文称过去的二十多年里，生生死死，人来人往，他只知道唯有将所见过的景色、所经历的事情、所交往过的人物融于文字之中，方可将对生命的感悟、将人物的精神化为不朽，一直被人们所铭记。

表面上来看，《边城》讲的就是有关翠翠及其父母的充满悲情色彩的小城故事：

守渡船的老船夫和他的外孙女翠翠相依为命。翠翠年轻可爱，犹如一头自由自在的小兽，脸黑黑的，眼睛却澄明清亮，性格又活泼善良，仿佛是自然所生养教育出来的人物。在溪边，翠翠原本和外祖父过着安静清闲的日子，每天要么在大门口晒太阳，要么听外祖父讲关于战争的故事或者吹上几首《娘送女》

的曲子，要么就牵着大黄狗去玩耍。

翠翠和外祖父生活的外部世界是山城茶峒。茶峒城内的船总顺顺有两个儿子，大的叫作"天佑"，老二叫作"傩送"。翠翠喜欢老二傩送，但天佑也看上了翠翠。失望之余，天佑乘船外出，不想其所驾驶的船只竟然在半路失事被淹没了。这件事情成了翠翠和傩送两个人之间一个过不去的坎儿。不久，在一个雷雨交加的夜晚，外祖父也永远地离开了翠翠。翠翠孤零零地站在岸边，期待着同样驾船外出的傩送回来接她，但她并不知道他什么时候才会回来，但也许，他永远都不会回来了。

可以说，《边城》描述的是一种自然的文化，一种面对孤苦苍凉人世的无奈的坚强。沈从文自己年轻时就深切地感受过生活中的种种酸楚和凄凉，因而也能够将这种心情和体验在《边城》中表达到极致。这种悲诉，没有哭天抢地，没有涕泗横流，却在一种静默而深沉的氛围中深入人心。但表达悲哀并不是沈从文写作《边城》的主要目的，他更深一层的用意，是想让人们看到这愁人的美丽背后，那不甘于自然和人世无端侵害的强大生命力。

这种生命力，是一种人在面对自私、仇恨、屈辱和死亡等负面东西的时候，在极大的悲恸之后，仍然可以依靠于自然、人情和人性进行自我纠正、自我救赎、自我发展的能力，是支撑人类在现实的绝望里保护和成就自己的最本源的动力。而这种笑着前行的精神，也正是《边城》在作为一部田园牧歌式的作品的同时还能够引发人们深思的重要原因。

《边城》之所以可以被后世评为沈从文一生文学生涯巅峰之作，其内涵绝对不止于此。当然，一千个读者就有一千个哈姆雷特，《边城》中还有多少值得我们挖掘和品味的东西，就需要后人在阅读中慢慢发现了。

第二节　步履不停，
前方总有想看的风景

在和沈从文结婚之前，张兆和原本还打算结婚后继续到北大去听听课，读点儿书，但是结婚后，忙碌的家庭生活实在占据了她太多的时间，这个愿望终究是落空了。并且，自从沈从文同意到《大公报·文艺副刊》做编辑，张兆和又在家务之余充当起了沈从文的"秘书"。原来，生性马虎的沈从文写完稿子之后总是喜欢乱丢，加上他手里的稿子又常常很多，总是堆满了书桌。实在看不过去的张兆和便开始帮沈从文阅读、修改、誊抄和整理这些稿件，方便时还会替他将稿件邮寄到天津总报社去。

世人都知道沈从文写得一手漂亮的字，但只有沈从文知道其实张兆和的字和他比起来是有过之而无不及。在给大哥去的一封家信里，沈从文就曾经忍不住夸赞妻子张兆和的字就像她的人一般秀丽雅致，十分端庄。只可惜，张兆和的一身才华，全都埋没在了沈从文的那一张张绿色稿纸之间了。

就这样，张兆和一边细心地经营着自己的家庭，一边充当着沈从文在文学创作事业上的得力助手。在她的照顾下，沈从文不仅生活得井井有条，还不断创作出了像《边城》和《长河》等伟大的作品。他像一颗冉冉升起的明珠，光芒洒向人间，而那个全力帮助他的妻子张兆和，却从未想过与之争夺关注，相反，她毫不吝啬地收敛了一身才气，甘愿低调地在他的身边做一个普普通通的妻子，只要沈从文事业顺利，她便是开心的，值得的。

对于这一点，沈从文自己也是心知肚明的。他深知张兆和本是一个务实聪明的人物，内心充满了理想式的追求，并不像外界文坛上所传言的那般朴素平常。如果不是因为选择了嫁给他，需要事事对沈从文这个"生活白痴"进行照顾而耽误了她自己在其他方面的学习和发展，张兆和一定可以成为更加知名的人物，而绝非仅仅是一个别人眼里的"好妻子"。

不管怎么说，张兆和终是选择了做沈从文的配角。也许是她明白"一山不容二虎"，和争才斗艳相比，她更加看重琴瑟协调、举案齐眉的夫妻生活。她当真就像是沈从文所讲的那样，心甘情愿从一颗永远明亮温柔的月亮摇身变作沈从文的枕边灯，只为他一人倾尽温柔和光明，风风雨雨，生死与共。

沈从文是幸运的，因为娶了这样一位妻子而荣幸和快乐，也因了她的牺牲和帮助，才能安心地按照他心中的方向不急不缓地慢慢发展开去，步履坚定，一路开花。

1934年11月20日上午，沈从文和张兆和的第一个爱情的结晶——龙朱在北平的妇婴医院里诞生了。"龙朱"这个名字取自于沈从文的小说《龙朱》，是一个完美的王子的名字。沈从文将这样一个名字送给了儿子，可见其对儿子所寄予的爱和深切厚望。

生下孩子的当天，张兆和便可以下床随意走动了，这都得益于她在学生时期经常运动，有一个好身体为生产做基础。和张兆和的沉稳相比，沈从文显然按捺不住初为人父的喜悦和兴奋。他立刻拟了一封信，向两个人的"媒人"胡适报告了这一喜讯。

张兆和娘家有一位老保姆，从小就一直照看她，得知三小姐生了儿子之后，也喜滋滋地特意从合肥老家跑到北平来照顾母子俩。老保姆告诉沈从文，母子平安，这是大喜，必须买些红蛋送人。沉浸在欢乐中的沈从文自然事事都依了她。龙朱长到三岁多以后，沈从文和张兆和的第二个儿子虎雏也出生了，虎雏亦取名于沈从文的另外一篇小说《虎雏》。

而当了父亲后的沈从文在工作上更加忙碌了，大部分的时间都用在编辑报纸、写文章和为年轻的作家批改稿件之上。家里总是人进人出，好不热闹，两个儿子也在这种环境下长得非常健康，这让沈从文感到十分欣慰，也因此在未来的文学创作之路上走得更加坚定了。

此后，沈从文一家还将住处搬到了国祥胡同十二号。这是一座高大宽敞又僻静雅致的庭院，原为乾隆皇帝出于怀柔蒙王的目的而建造，在风格上却沿用了苏州园林的庭苑式，白墙黛瓦，花园深巷，并且远离市中心，没有车辆过往的嘈杂之音。

然而，世事难料。就在沈从文和张兆和的第二个儿子虎雏落地后不到两个月的时间里，七七事变爆发了。日本开始了对中国的全面侵略，北平于1937年7月29日正式沦陷。这个时候，尽管沈从文的手头排满了写作计划，但随着艰难时世的开始，他想要在阴霾笼罩下的北平城去安安静静地写作是绝对不可能的。

8月11日晚，沈从文突然接到了教育部命其和北大、清华的教师们一道儿紧急撤离北平的秘密通知。看着刚刚产后不久的妻子和年纪尚幼的龙儿、虎儿，沈从文手里攥着通知，心急如焚。他是万万不愿意同妻子和儿子们分开的，现在时局如此动荡，他作为一个男人，岂能够置妻儿于不顾独自上路？但是硬要带着他们匆忙上路的话，恐怕妻子和龙儿、虎儿的身体都吃不消，难保不会出现什么闪失。

怎么办？怎么办？

就在沈从文一筹莫展、犹豫不决的时候，张兆和再次展现出了其理性坚强的一面。她告诉沈从文，只管放心收拾行李随部队南下，她则留下来照顾两个孩子，待沈从文安顿下来，她再将家里重要的东西慢慢转出北平，然后带着龙儿和虎儿与他会合。

听了张兆和的话,沈从文心里非常难过,他实在是无法忍受撇下他们自己一个人走,只是妻子的话十分合情合理,硬带大儿子龙朱上路的话,没有任何带孩子的经验的沈从文不一定能够照顾好他。沈从文想来想去,也的确没有什么两全其美的好办法,只好同意了张兆和的想法,并且连夜收拾了东西,待天刚微明的时候,就走出了家门,自己独自一人开始了漫长的逃亡之路。

和沈从文一起仓皇离京的主要是杨振声、徐志摩、梅贻琦、朱光潜、叶公超和梁宗岱等一大批北大和清华的朋友。在临行前,沈从文等人均化装成为各种不起眼的小人物以躲避日本人的严密搜查。

及至半夜,沈从文一行人才抵达天津,打算从天津经上海转去南京。但是第二天一早,他们从报纸上得知淞沪会战刚刚爆发的消息,直到一周之后,他们才搭上一艘直达烟台的英国商船辗转抵达了南京,住在了沧州饭店。然而到了晚上,日军又忽然出动了一百架飞机对南京进行车轮式的轰炸,南京方面各大机关不得不立即开始进行紧急疏散。

三天之后,沈从文一行人坐船又抵达了武汉,借住在武汉大学陈西滢和凌淑华夫妇家里,或者待在图书馆里编教科书。这边沈从文一路兵荒马乱,颠沛流离,担惊受怕,那边张兆和却丝毫没有被生活的苦难和不安所吓倒。这是一个异常坚强的女子,她努力而乐观地照顾着两个孩子,不愿让战争污染他们的童年,影响他们的健康成长。

乱世之中，时间总是过得飞快。不知不觉就到了9月9日——沈从文和张兆和结婚四周年的纪念日。怀着深深的思念，张兆和写信详细地告诉了沈从文家中的近况：她和两个儿子一切都好，家中的粮食如果节省着吃的话，也足够挨到过年。龙儿虽然瘦了一些，但是依然十分精神，虎儿则如之前一般白白胖胖的，十分讨人喜欢，他大可不必过于担心和挂念。每次龙儿总是吵着让爸爸到上海去为他买好吃的糖果，买大汽车——他还是小啊，什么都不懂。除此之外，张兆和还告诉沈从文，如果要写信，一定要寄到三叔家里，这样无论他们将来作何打算，总不会遗漏了他寄来的信件，因为之前他自沿途各地寄来的信件虽然看上去没有遗漏，只是收到的次序颠倒了些，总数有二十五封左右（事实上，在这一个多月里，沈从文几乎每天都在给张兆和去信，既有快信，也有慢信和电报，只不过在当时特殊的环境下，交通停滞，信件积压得非常厉害，所以张兆和有时候很多天都收不到一封信，而有时候又可以一天接连收到六封以上的信件）。

就这样絮絮叨叨地写完了一封信，全是家长里短，儿女情长。在这烽火连天的岁月里，人们的四散分离和望眼欲穿让这些信件一跃成了无数个散落在天涯海角的人们心头最后一点点微弱的温情和希望。因此，当一封信终于穿越了种种劫难抵达收信人手中时，收信人心里那种满足感和幸福感是任何财富都无法比拟的，正如张兆和对沈从文所说的那样："我又欣喜你有爱写信的习惯，在这种家书抵万金的时代，我应是北京城最富有的人了。"

又过了不久,所有滞留在北平的熟人像梁思成夫妇等都接连不断地出城了,远在武汉的沈从文更是一封又一封书信地催促张兆和南下,因为他深知局势越来越动荡,张兆和越晚离开北平一天,她和孩子的危险就多增加一分,沈从文的担心也更多一分。

然而张兆和却十分冷静而又为难。她实在放不下家里的这些稿件和沈从文收集的一些文物,害怕她一放手,它们就真的全部都毁于一旦了。她执着地要将这些瓷盘子、信件、衣物、花缎子等通过尚能通行的津浦线全部转出寄给沈从文。

在当时那个年代,一般人只顾着收拾细软,保全性命就可以了,但张兆和偏不。她就是对这些"身外之物"充满了不舍。有人曾经责备张兆和不懂沈从文,但从这里我们就可以看出来,张兆和对于沈从文的这些"身外之物"都能珍爱如此,因为她深知这些都是沈从文的挚爱和心血,是绝对不可以轻易丢弃的。

还有一次,张兆和听父母说苏州的老家被日军炸毁,很多珍贵的相片以及她和沈从文结婚之前他写给她的那些美丽信札全都被毁掉了的时候,不禁悲痛万分。她写信向沈从文哭诉,那原本是记载了他们青春时光的最好的印记,然而这样精彩美丽、丰富生动的记录就这样化为了灰烬,再也回不来了。这让她如何不伤心难过呢!

战争年代,人命都贱如草芥,骨肉分离,几封薄薄的信件被毁损更不是什么稀罕事,但那些毕竟是沈从文和张兆和动人爱情的最好证明。张兆和本想将它们最为永恒的美丽细细收藏，然而她不知道，越是珍贵的东西反而越是脆弱。无情的炮火不懂得人的纸短情长，在那无声的灰烬里，除了心痛和怀念，人又有什么办法呢？

尽管张兆和的考虑和想法令人动容，但不明就里、心焦如火的沈从文却并不这么想。张兆和的迟迟不上路激怒了沈从文性格中多疑敏感的一面。他甚至去信质问张兆和是否真的是因为路上战事瘟疫不断，害怕难以照顾龙儿虎儿的周全才不敢上路。他责备张兆和不肯早早与他团聚，是否是因为只有远离了他她才会觉得无上欢乐，或者是她早已在北平另有了依靠，正好想着借此机会同他分离，摆脱他的纠缠。

无论沈从文表达出来的话是什么，归根到底还是他太在乎张兆和了。他是如此害怕失去张兆和，甚至此时都已经确信张兆和真的不要他了，这种悲观的幻想几乎要将他打垮了，他开始陷入一种无望的痛苦中去。他不知所措，只能在信尾表示如若张兆和真的爱上了别人，那么他也准备牺牲自己的幸福而去成全她，不会拿名分等外在的东西去拘束她的自由。只要她幸福，他就可以忍受一切的痛苦，即使她所感受到的幸福不是他给予的。

幸好张兆和是深知沈从文的脾气的，面对他火急火燎的空想和怀疑，她只回信告诉他她不喜欢也不允许他再讲这些乱七八糟的废话。她并不是要什么自由，亦没有另外爱上任何人。

事实上，沈从文也的确是多虑了，当时一家人的担子全压在张兆和的身上。作为父亲,沈从文急切地盼望和妻儿团聚的心情可以理解,而张兆和作为母亲和家中大小事情的主管,她担心两个幼子的安危,放不下家中的事务,这种想法不可说不在情理之中。

不久南京陷落,武汉岌岌可危,长沙更是遭遇了空难,抗日局势一下子更为不利了。在这种情况下,教育部又研究决定将由北京大学、清华大学和南开大学组成的长沙临时大学搬迁到云南昆明。沈从文和杨振声等人也开始了陆陆续续的转移。

一转眼,便是旧历新年。沈从文和杨振声一家、作家萧乾以及张兆和的小五弟张寰和一起吃了年夜饭,还放了鞭炮,只是接下来大家开始玩牌的时候,沈从文却一个人回到了房间里,独自烤着火想念起妻子和龙儿、虎儿来。而此刻的北平城里,张兆和则在家中一边读着沈从文写给她和孩子的信,一边给沈从文回信,分享过年的种种欢乐。原来,他们的虎儿和哥哥龙儿一样,也是在除夕这一天学会了站立和走路。

时间慢慢地飘着,在浓浓的相思中,四月又到了,沈从文等人也顺利抵达了昆明。到了昆明后,沈从文照例经常写信催促张兆和早点南下,以结束两人两地分居的痛苦,但是直到1938年10月,张兆和才带着两个孩子从北平出发,辗转于11月4日抵达昆明和沈从文相见。

多年之后,为了纪念去世的父亲,虎雏还以这件事情为题材写了一篇《团聚》,深入刻画了他们一家人在这段时间里终于团聚的不易,读来十分感人。从开始逃亡到最后两人蛰居云南,这一段流亡和分离的日子终于结束了。在这段日子里，沈从文所经历的痛与伤，对其之后的创作和心路历程都产生了巨大的影响。

1938年年底，沈从文一家搬到了蔡锷将军曾经住过的北门街四十五号。在这个大宅子里，沈从文一家、杨振声一家、刘康甫教授父女以及金岳霖教授的一只宝贝大公鸡组成了一个临时的热闹大家庭，吃饭的时候大家也会一起围着桌子吃。

1939年4月，西南联大在昆明的新校区终于建成，但条件十分简陋，除了图书馆和食堂以外，全部都是土墙铁皮、泥土地和茅草搭成的顶。然而，"大学者，非大楼之谓，大师之谓也"，艰苦的生活条件并没有阻挡师生们追求知识和进步的精神。

在中国的教育史上，西南联大的存在和成功都堪称奇迹。这里会集了一大批自由开放、思想活跃的顶级教授，如吴宓、闻一多、冯友兰、钱锺书、刘文典、金岳霖和陈寅恪等，并为社会培养出了像汪曾祺、穆旦、殷海光和杨振宁等大量优秀的人才。

此时的昆明因为日军的狂轰滥炸和国民党的滥发纸币而陷入了大萧条之中，物价飞涨，物资短缺，前来昆明避难的人绝大多数都食不果腹，生活极其艰难。因此，为了节约租金，1939年5月，沈从文一家再次搬到了呈贡的乡下杨家大院。

呈贡的位置是极好的，靠近滇池，风景优美，触目即是一池碧绿的春水，而沈从文他们租住的房屋建筑也很是讲究，房屋前面对着滇池和西山，屋后则是一片幽静美丽的小山坡，可以供家人们晚饭后在那里散步和嬉戏。此后，除去到昆明城内为联大的学生们上课，剩下的时间沈从文都待在乡下呈贡的家里，而每一次他回家，小龙朱总会高兴地站在河堤最高的地方等待爸爸瘦小的身影出现。

这个时候的龙儿和虎儿正是在长身体的时候，饭量大得惊人，尤其是小虎，因为特别喜欢跑来跑去，消化食物也就特别快，常常被沈从文打趣为"家里的消化机"。因此，张兆和总是想尽各种办法为两个孩子做好吃的，她不仅会用咖啡罐头蒸鸡蛋糕，还会做酒酿鸡蛋，那味道，就连朱自清尝了都赞不绝口。

尽管如此，小孩子的本性还是让龙朱和虎雏对街上卖的各种小吃垂涎欲滴，而对家里的食物反而没有什么大的热情了。不过，沈从文和张兆和是坚决不允许他们两个人偷偷吃街上的东西的，因为他们深知战争时期，各种瘟疫肆虐，街上的东西难保是干净的，所以，龙儿和虎儿也只能吃一碗豌豆粉解解馋了。

不仅在吃的方面难以讲究，沈家一家的衣服也都是打满了补丁的。张兆和还曾经用一些旧的毛衣裤拆开后进行了拼接，捻打成了一件四色毛衣背心，十分好看，让虎雏印象深刻。不过，好在冬天的昆明不像北京那样冷，也让沈从文他们免去了置办厚棉衣的钱。

尽管吃穿用度都很差，还时不时需要跑警报，但苦中作乐的是，云南毕竟是彩云之都，风景好得很，繁花似锦，四季如春，一切景色都美得令人心旷神怡。沈从文喜欢带着龙儿和虎儿去触摸和感受这至美的境界,而绝不要他们做一个只会死读书的书呆子。他教他们闻各种花朵的香味儿,听风吹树叶的沙沙的声音,用手掌抚摸各种岩石的纹路,观看天空中流云的变化……他悉心地诱导着两个孩子去同自然亲近,就像他小时候所做的那样,尽管当时他们并未体会到沈从文的这一良苦用心。

每天吃完晚饭之后,小兄弟俩就开始缠着张兆和给他们讲故事。为了不让两个孩子失望,张兆和总要搜肠刮肚、绞尽脑汁。她或者轻声地为孩子们唱几段京戏,或者胡乱哼几句吴语小调,或者用合肥话唱几首她小时候的保姆给她唱过的童谣,甚至还教两个孩子唱英文歌,哪怕其实他们根本看不懂二十六个英文字母。

只要沈从文一回来,张兆和就被解救了,因为孩子们一定会放开妈妈转而向爸爸索求故事了。他们知道爸爸虽然在外面的时候斯斯文文的,但是为他们讲起故事来却是绘声绘色,生动极了。沈从文给孩子们讲如何捕捉大蟒蛇,模仿野猪被猎杀时的嚎叫,或者给他们讲一些民间传奇,如"杜十娘怒沉百宝箱",只不过因为他说的是凤凰话,虎雏总是听不太准确,还以为这"豆豉娘"是县城里那个做辣豆豉非常好吃的寡妇呢,结果引得沈从文哈哈大笑。

有的时候,沈从文还会将他们周围的熟人或者他们的家人的故事也添油加醋地讲给两个孩子听,他最喜欢讲的就是他的六弟沈荃的英雄事迹。沈荃在部队当团长,长得英俊潇洒,作战时又十分英勇,每次沈从文给龙儿和虎儿讲完他们六叔的故事之后，两个孩子总要嚷嚷着要见这位英雄人物，并梦想有一天可以当上比六叔还大的官儿，也好生神气一番。

渐渐地，在父亲沈从文的耳濡目染之下，龙朱和虎雏这两个孩子也学会了编故事，他们俩总是挤在一个被窝里叽叽咕咕地说着各自奇奇怪怪的想法，一会儿是上天入地，一会儿是穿墙入火，一个比一个会吹牛皮，有趣极了。

1939年6月27日，沈从文被西南联大聘为了师范学院国文系的副教授，四年后又晋升为教授。这是沈从文专注于内心世界，进行自我沉淀的一段日子，虽然过得很清苦，也经历了很多误解和排斥，但是他们一家人在云南的这段时间还是过得很幸福，龙儿和虎儿也长得很健康。当然，这都多亏了张兆和，因为她总是精力充沛，又乐观善良，将家中的大小事务打理得井然有序，这才让沈从文和两个孩子的日子过得快乐而又理想。

云南的秀美山川更是激励沈从文写下了《长河》《云南看云集》和《七魇集》等优秀的作品，并没有像抗日时期的其他作家一样减产。沈从文坚信自己的工作和文章是有意义的，他绝对不要像旁人一样，因为受不了眼前的困难和寒酸而急急地改行换业，将手中的笔全用在了谋求名利之上，为官场中人所利用。他深信可以通过写作助力中国文学运动的发展，使读者们从他的作品里受到一点启发，这种收获是不会为历史所泯灭的。他的作品将记录一个时代，一种精神，一代人。对于自己的事业，他充满了骄傲和自豪。他声称自己必将继续安安静静地做他自己的事业，坚持自己的气节，以笔为戟，坚决同一切旧势力、一切不好的事物做斗争，为这个社会贡献自己微薄的力量。

这就是沈从文，固执而赤诚，流亡的痛与伤害没有打垮他，他必将以手中的笔，为真善美而斗争，为自由主义而斗争，为劳苦大众而呼号。这就是一个有着赤子之心的人在流亡中所表现的最大的真与诚。

第三节　忧愁那么远，又那么近

在沈从文一生的作品里，用画家黄永玉的话讲，其该是同《战争与和平》一般厚重的作品便是小说《长河》，但遗憾的是，这部内容最初将近有十四万字的作品，却在完成后要出版时囿于当时的检审制度等种种原因而屡遭删减，一直到1945年1月才终于由昆明文聚社出版，但因为之前的删节，出版的时候就只剩下了十一万字，其中小说的第六章"大帮船拢码头"的中间，居然还印了一行"（被中央宣传部删去一大段）"的字样。对于这样一部最像湘西人的书，这样一部最能反映沈从文遥望现世、悲悯苍生情怀的作品，最后竟然被改得如此短，不得不称之为一种莫大的损失。

沈从文创作《长河》最初的原因是其在1934年第一次返回到离别十多年的湘西老家时，眼见得他所创作的《边城》笔下的世界已经无法再真切地对应湘西这二十年来所发生的巨大的变化这一现实,这让沈从文十分难过,并感慨一切都不同了。

因此,沈从文选择了给《边城》留下一个悲剧性的结局,并在其题记里声明他将在他的另外一部作品中描绘一个完全不同于《边城》的湘西世界来使读者作对比和感悟。他将在这部作品中描绘这二十年的内战以来,原本朴质勤俭的农民们是如何在军阀官员的横征暴敛以及外国的鸦片烟的毒害下一步步走向穷困和懒惰,失去做人应有的精神和灵魂的。他希望通过描述小人物在历史动荡中的遭遇和挣扎来激发读者对于民族兴亡的关注,重新鼓舞起人们复兴中华的伟大信心。

而这部小说,便是当时沈从文所酝酿的《长河》。

不过这之后《长河》迟迟没有写出来,直到抗战全面爆发之后,沈从文在南下逃亡的这段时间里,曾短暂地在其大哥沈云麓在沅陵的新居"芸庐"中住了几个月,才写完了散文集《湘西》以及这部小说《长河》。沈从文再次动笔写湘西的时候,笔下早已不再是那个如《边城》中描绘的寂寞优美的世界,而是一个"现实"而"真切"的经历了历史大变动和悲哀的湘西世界,是一个处在现代社会的轰轰雷鸣中的湘西世界了。

在沈从文笔下的《长河》世界里,"现代"这两个字到了湘西,已经从抽象的观念理论演变成了具体可触的东西,它是如在各阶层间作为一种广泛的消费的上等纸烟、各类罐头等事物一般大量输入,用于装扮都市文明的奢侈品。

所有人似乎都在非常诚恳而谦虚地学习和接受着一切"现

代"的东西，学生和青年人尽管并不懂得国家和社会真正的问题出在哪里，应当从什么方向去努力和改变，但是这并不妨碍他们纷纷摆出对现状不满的姿态，然后将他们家中祖辈所积累的钱财挥霍一空，用"帝国主义""时代之殇"等时髦的词语来点缀自己的书信、论文和诗歌。很少有真正懂得用自己的力量去为国家奋斗的人物，即便是有那么几个真心实意想要做事的学生，却也因为只是简单地在学校里学得了一点文化概念，就抱定这世上除了政治再无其他，而这种简单的信念自然也是禁不起现实考验的，他们只消出了校门，就会被现实的洪流冲击得立刻缴械投降，再也不敢开口大谈什么"奉献"和"改变"了。这就是辰州的"现代"的情况。

除此之外，在《长河》里，还有一个词被提起了不下五十次之多，那就是"新生活"。在这里，所谓的"新生活"指的是蒋介石在1934年发起的"文化复兴运动"，其主要内容就是在全国推行恢复传统道德观，实现军事化。对于这种"新生活"，沈从文在小说里并没有直接展开叙述和评论，但是从他对于乡下人眼见耳听的实际情形中，我们就可以真切地感受到这种所谓的"新生活"的可笑之处。

例如在第二章《秋》里写自从知道了"新生活"这个词语之后，吕家坪守祠堂的那个老水手也变得异常不安起来，他逢人就打听，并信誓旦旦地告诉所有人新生活真的就要来了，而一个妇人从路人的口中打听到关于"新生活"的这一消息的时候，立刻惦念起了家中床下砖地中所埋藏的那二十四块现洋钱，就好像这笔钱瞬间就要没了一样，于是慌忙背起自己的猪笼，赶着两只嗷嗷叫的小猪回家去了。

从小说里类似这样的描述我们就可以明白，吕家坪人根本不真正懂得何谓"新生活"。在他们眼里，这个所谓的"新生活"无非代表的就是给他们的正常生活造成难以忍受而又不可预知的混乱和动荡的可怕力量罢了。政府和军阀对百姓的巧取豪夺、杀伐无度令人们时刻都活在一种无边的恐惧和担忧之中，但除了默默忍受和承担之外，人们似乎也别无选择，因为抵抗命运的惨烈后果是可想而知的。这就是湘西普通人民真实的生活状态。

总而言之，这一部《长河》就像是沈从文与他故乡的湘西父老子弟在说着体己话一般，在用语上依然保留了其不避方言的风格，甚至使用的次数更多，也更加突出和自然。没有对人物和情节的精挑细选，只有短短十一章的文字，却写得十分开阔而舒展，同《边城》的精致全然不同。

但是这并不是说《长河》的立场和视野就仅限于湘西这样偏执而狭隘的一隅，因为沈从文在《长河》里描述的现象一定也在中国其他的地方频繁上演着。他所描述的是整个中国、整个民族的现实和忧虑，只不过是从关注乡土和地方开始构思和相通的而已。这一用心，从他写的《长河》的题记中就可以看出来。

在这篇题记里，沈从文称对于目前中国正在遭受着的忧患和挣扎及其产生的根本原因，人们应该从中吸取怎么样的经验和教训等，都不用他再为读者做过多的陈述，但他告诉人们千万不可以就此而悲观绝望,被现实的风雨洗去了对高尚理想和民族未来的追求。我们必须始终怀着对于人类前行的爱与诚而努力下去,为现在,为后人树立一个应有的榜样。

  这篇题记,写得不得不说是语重心长。"照我思索,能理解我;照我思索,可认识人。"沈从文一生的赤子之心,仅仅一部《长河》,就可以看出其上下求索、遥望现实的悲悯态度和责任感。一个真正的作家,必然要有这样的胸怀和赤诚。

第四节　在烈焰中浴火重生

1945年8月15日，抗日战争终于取得了最后的胜利，将日本侵略军赶出了中华大地。然而，战争刚刚结束不久，蒋介石撕毁《双十协定》，国民党军大举进攻中原解放区，内战再次爆发，全国上下再次陷入一片玄黄，而此时的西南联大也结束了它在特殊时期的历史使命，重新分为了北大、清华和南开三所大学，教职工们也纷纷各自踏上了返程。

1946年12月，沈从文一家回到了苏州九如巷。彼时，因为张兆和的父亲已经在抗战爆发后不久就不幸去世了，其创建的苏州乐益女子中学也因为战事而停办，所以张兆和决定带着两个孩子留在苏州帮助兄弟姐妹重振乐益女中，而沈从文则只身返回了北平任教。

在昆明的时候，沈从文曾期待着战争结束后可以带着龙儿和虎儿乘坐飞机到上海去参加他们的三舅张定和的音乐会,吃好吃的糖果点心,同他们的洋伯伯(张充和的丈夫傅思汉)一起玩耍……然而,张定和果然成功实现了他举办音乐演奏会的梦想,但沈从文所期待的战后的美好生活却并未到来。回到北平以后,沈从文同以前的老友们都见了面,了解了一下彼此这些年来的生活和情况,并且也因为此次回北平而受到了媒体报纸的争相报道。

因为张兆和及两个孩子没有能够和自己一同北上,所以沈从文到北平重新安置下来后便一心思念着将妻儿接回来,以免常常为他们担心。不过,回北平后的沈从文因为身兼数职,既要讲课又要做编辑,还要著书立说,所以很是忙碌,这也使得他没有那么多工夫去感受思念之苦了。

好在新年过后,张兆和终于带着龙儿和虎儿一起回到了阔别多年的北平,这个温馨的小家庭又聚在一起了。这个时候,沈从文还住在北大的新宿舍里,直到1952年才搬进了头条胡同。

在这个大院子居住的这段时间,沈从文一直与著名的美学家朱光潜先生交好。两个人同样都是热爱美且十分会欣赏美的专家,于是经常互相上门邀请对方去散步闲逛和聊天。不仅如此,沈从文还迷上了收集古董,家里到处都摆满了各种瓷器、旧时期的纸张和颜色鲜艳的漆盒等。

尽管如此,此时的北平局势依然不平稳,战争和厮杀似乎永不止息。与此同时,随着国民党的式微,政治开始对文坛进行剖析和批判。1948年3月,两篇声讨沈从文的文章出现在《抗战文艺丛刊》的第一期中，它们分别是冯乃超针对沈从文之前为前民国总理熊希龄所写的《熊公馆》而创作的《略论沈从文的〈熊公馆〉》和郭沫若写的那篇著名的《斥反动文艺》。其中，冯乃超的文章旨在批判沈从文是典型的在为地主阶级树立口碑的伪文艺作家，而郭沫若则毫不留情地将沈从文说成是专门写颓废的"桃红色文艺"的反动派。

对于这件事情，沈从文一如既往未加理会，但他还是敏锐地发现了这次的批判不同于往常，在一种近乎直觉的意识下，他开始减少了自己所写的关于时论的文章。同年夏天，沈从文携家眷到颐和园的雾清轩避暑，并借此机会和好友杨振声、冯至等小聚了一下，只是他们刚到雾清轩不久，张兆和就因为弟媳生病需要照顾而不得不返回了北平。妻子一走，沈从文心里又落寞了起来——他真是一刻都离不开她啊！

其实，沈从文心里很清楚，这十几年来，无论是和平的时候，还是在抗战时期，张兆和都未曾好好休息过，甚至也一直没有能够接着好好读书学习，这全都是为了他，为了这个小家庭。每次一想到这里，沈从文心里就十分过意不去。

好在张兆和总是像人们称赞她的那样，像阴丹士林[①]一般永远年轻，永不衰老。她是美丽的，那种美，不同于林徽因的绚烂多情，而是隐藏在朴素外表下的一种内涵和精神。她身体瘦小而又健康，两个眼睛十分秀丽妩媚，脸蛋总是红扑扑的，透

---

① 阴丹士林是当时一种用于保持织物永不褪色的染料。

着诱人的光泽,两个小辫子总是盘在脑后,显得精神而又干净。张兆和的美,需要细细品味,而沈从文恰恰是最能够欣赏她"素以为绚兮"的自然之美的人。这两个人的结合,不得不说是上天的一种眷顾。

雾清轩在颐和园的东北角,虽然地理位置有些偏僻,但却风景秀丽,如诗如画,据说慈禧当年还经常坐在这里的石凳上听书呢!小龙和小虎贪玩,沈从文就带着他们将雾清轩的一草一木都看了个遍,小龙胆子大,每天都要跑到龙王庙前面的湖里去游泳,小虎虽然不敢下水,却喜欢探险,到处走动和发现新事物。不仅如此,他们还常常要求爸爸沈从文带他们去钓鱼,晚饭后则照旧缠着沈从文讲故事,天真地和爸爸聊上许久。这样单纯悠闲的日子,总会让沈从文以为自己还是在呈贡的乡下。

除了带两个孩子到处玩耍,沈从文还会像以前一样抽空给张兆和写信,事实上,他一生都保持着这个习惯。在信里,他似乎更能够体会到张兆和的精神可爱之处,才能与她更加亲近一些。此次来雾清轩度假的,还有他们的四妹张充和和她的洋丈夫傅思汉。

张充和被沈从文称为"天才女",她性格活泼,又富有才气,能够写一手漂亮的小楷字,还擅长昆曲艺术,加上长相清秀,身姿曼妙,爱穿古典的旗袍,因而整个人很有魏晋的林下之风,获得了很多异性的爱慕,其中著名诗人卞之琳所写的《断章》就是因为痴情于张充和而写下的,只不过落花有意但流水无情,张充和到北平后不久便在沈从文家中遇见了北大西语系的外籍教授傅思汉，两个人一拍即合，十分投缘，再加上沈从文从中牵线撮合，两人终于在 1948 年 11 月 19 日喜结连理。

张充和与傅思汉结婚后便告别了亲友，同丈夫飞回了美国纽黑文居住。而没过多久，辽沈战役紧接着就取得了胜利，平津战役爆发，北平城内的情势已经十分紧张了。

1948 年 12 月 13 日，解放军将北平围了个水泄不通。眼看大势已去的国民党开始着手南逃，并展开了与共产党之间争夺珍贵文物和优秀知识分子的斗争。一大批学者如胡适、梅贻琦等人纷纷乘坐蒋介石派来的专机离开了北平，而沈从文则考虑到一旦离开，日后势必再难返回家乡，加之龙儿和虎儿需要接受教育的问题，他最终同意和梁思成、杨振声等老友一同待在北平迎接新中国成立。

这是 1948 年的最后一天，街上到处是巡逻的士兵，有的人脸上带着崭新的笑容，因为即将到来的新时代而兴奋，像张兆和和小龙小虎，而也有人的脸上带着末世的惶恐，内心彷徨不知所措，如沈从文。他呆呆地坐在家里面，手边是他尚未完成的小说《传奇不奇》。他深深地明白，他手中的这支笔，也许不久就要放下了吧。

1949 年，中国的历史和社会发生了根本性的巨大变化，沈从文和与他同一时期的很多作家一样，在这根本性的巨大变化中经历了个人命运和方向的调整，甚至是最根本的转变。然而，尽管这一年是很多人一生的重要分水岭，但沈从文在这一时期，仍然还是最为特殊的那一个，因为这一时期里的沈从文，精神已经完全达到了一个非常极端、紧张而且孤立无援的境地，时时处于一种崩溃的边缘，或者可以说，是已经崩溃了的。而究竟是怎样的历史缘由让沈从文以至于如此？从沈从文自己留下的一些文字材料和其他同时期亲友同事的描述里，我们可以基本还原一些当时的境况。

1949年1月，北京大学内贴出了一大批声称要找沈从文进行清算的壁报和大标语，并且，这件事情过去后不久，沈从文还收到了恐吓信。这个时候，他已经清楚地知道了自己正在陷入一个怎样的环境之中，更知道自己的神经也因了这没完没了的无端声讨而处在了一个难以承受的制高点上。沈从文告诉自己，他必须停下手中的笔，必须去休息了，因为再这样下去，等待他的，必然是疯狂或者毁灭，而他口中的"休息"，其实就是走向死亡。

这样挨到了一月中旬，沈从文终于在空前的打击和孤立面前变得有些"精神失常"了。其实，对于自己在新中国成立后的这种命运，沈从文或许早有预感。例如早在1948年年底的时候，沈从文就在《致季陆》中谈到了自己对于传统的写作方式和态度恐怕难以适应中国新时代的需求的担忧，且表明自己这一代的人都已到了中年，写作的观念和习惯恐怕一时间是改变不过来的，一旦误解产生，恐怕难以消除而最终只能停笔。

在写这段文字的时候，沈从文对其所预感到的自己即将在新社会里所面临的遭遇和悲剧的反应是平静的、克制的，而且他当时似乎并未觉得那是他一个人的命运的遭际与悲哀，而是与他同时代的一批人的共同的悲剧命运。

直到1949年,沈从文方才明白他自己预感到的这种悲剧的命运其实并没有同一代人的陪伴,他只能自己一个人来承受时代和命运所给予他的种种,也是直到这个时候,沈从文方才感受到那种难以言喻的"孤立感"。这种"孤立感"我们从1949年1月30日沈从文写给张兆和的信中的两段"触目惊心"的文字就可以感受出来。

在这封信里,沈从文抱怨周围人都不理解他,将他视作疯子一般看待,没有人肯坐下来和他进行真诚的交流,肯承认他其实根本没有疯、没有错,他们不让他自己拯救自己,自己收拾自己。他央求一些朋友为他想出路,但却发现这些人如女子一般难以与之商量大事。他们不懂得他是要对一切进行检讨,全都对他遮遮掩掩的,完全将他孤立了。既然这样,他恳请人们可以允许他不再醒了,得到一次安眠来疗伤,解除痛苦,反正在这世上他也已不敢再存有好好生活下去的念想了。

从这两段文字里,我们可以看到,沈从文不仅否认自己精神出现了问题,还因为周围的人不肯明白和理解他而将自己同周围人隔绝、区别开来了,而这种隔绝和区别的原因是什么呢?

因为,天生倔强的沈从文太不懂得顺时应变了,在中国整个历史和社会的大变化的格局中,沈从文身边所有的人都在或者顺时应变,或者得过且过,但是这个"冥顽不灵"的"乡下人"就是不肯顺应趋变,也不愿意顺应趋变。他是固执的绝不"勉强附和"。

同年 3 月 13 日，沈从文在《致张以瑛》一信中再次表达了自己内心的抗争和孤立之感。他称自己的工作是和时代游离的，他那种热衷于书写真实、批判一切的工作精神必将成为自己的精神桎梏，使得即便是一身长处的自己也只能落寞地游离在工作和人群之间，并且，久而久之还会游离于家庭之外，为荒凉孤寂的情绪所纠缠。他的这种孤立之感，在平时就已经令他疲惫不堪，如今他似乎只能等待自己被完全毁灭和遗忘了。他的存在也不再有任何意义了。

此时的沈从文所感受到的那种被孤立的痛苦究竟有多么强烈，我们无法妄加揣测，但 1949 年 3 月 28 日上午，忍无可忍的沈从文终于将一把剃刀划进了自己的脖颈，并且还割伤了自己两腕的脉管，甚至喝了一些煤油。幸运的是，他被人及时发现并送往医院抢救，这才捡回了一条命，最后又被送去了精神病院进行疗养。

这件事情之后，从表面上看来，沈从文似乎是归于平静了，他对周遭的一切变化与刺激的反应和张力似乎松弛了下来，再也不那么激烈。他说自己是从一种悲剧的状况下转入了安静，他需要在这种安静中检讨和分析自己，看清一切，但事实上，这似乎更像是一种如镜水面下的暗流涌动，一种安静状态下更深刻、更激烈的疯狂。

在精神病院疗养期间，沈从文还曾经写下了长长的日记，在日记里对他所言说的那种安静进行了细致的描述。他声称再也不会强迫自己必须怎么怎么样了，他希望自己所遭受的一切就到此为止，希望自己恢复到正常的生活轨道上去。他称自己是在一种极大的悲哀中理解了安静，在安静中明了命运的指示。他将不再背负着抱怨和戾气去对周围的一切进行防御或者攻击，而只是想要同一切和平相处，利用自己剩余的生命，能做些什么便做些什么，多为人民和国家出一份力，多做有益的事情。

此外，他还称终于从心理上对自己进行了清楚的认知，重新理解了自己和社会之间究竟应该保持怎么样的一种关系，也因此而整个人变得慈悲柔和了起来，并深切地希望可以一直这样慈悲柔和下去。这种"慈柔"的心境，并不是真的"想通了"，因为在沈从文心里，人生依旧"如此不相通，使人悲悯"，但他或许是真的梦醒了。

1949年4月，沈从文出院了。彼时北京大学的国文系早已取消了他的课程。然而到了五月，他那大踏步与时代同行的妻子张兆和却成功地进入了华北大学，接受初步的革命教育。作为一个普通人，在身处时代和历史的洪流中时，想要保持不动，不与泥沙俱下的沈从文显得是那样的孤绝和委屈，恐惧而又悲悯。新的时代将他排斥在外，他亦不愿顺同这新的时代，于是变得"精神失常"和"疯狂"。他不理解，所有的一切不是依然可以保持它原来的样子吗？那为何要改变，自己因为拒不接受改变而变成如今这样。他不明白究竟为什么。没有人给他答案，回应他的只剩了他自己和这新世界巨大的隔膜。

是的，在群体面前，在时代面前，沈从文个人的感受微不足道，但是他并没有放弃。尽管依旧时时处在崩溃的状态之下，时时仍有"自毁"的冲动，他都坚持着试图让自己恢复过来。

1949年6月底，病中的沈从文还坚持完成了《中国陶瓷史》教学参考书稿——在疯狂面前，他的意志重新开始恢复了力量。

7月，沈从文给自己的旧友刘子衡写了一封信。在这封信里，沈从文以平静而深痛的口吻对自己的"疯狂"进行了理性的划分和思考。他称自己深知自己作为一个长年孤独、不合群的人物，在时代的巨变中遭受磨难甚至自毁似乎都是必然的。北平战争结束后，他自认为事实必将引他走向毁灭，因而在失败感、愧疚感、迫害感和恐惧感等众多情绪之中得出了一个糊涂的悲剧性的结论，这种精神的毁灭还未得到照顾和治疗，他就被日益增多的威胁和声讨逼到了一个神经接近崩溃的地步。自杀被人救下来以后，表面上他的反应迟钝了下来，变得不那么"疯狂"了，但其实他依然被各种狂乱的思索困扰着，也唯有让自己手头有工作可以去做来转移注意力，稳住自己，以避免再次因为脑中的各种念头而变得痴傻起来。目前，他的人际关系依旧是冷漠的、隔离的、无法沟通的，这让他深深地感到人生是如此的悲哀又值得怜悯，而这种人际关系的疏离又加深了他的"孤立感"。他实在无法理解与自己相处了三十多年的老朋友何以突然如此误解和隔离自己，作为自己最亲最近的家人又为什么对他如同陌生人一般，而从不加以关怀和理解，难道他真的疯了吗？不，绝对没有，但是在这种生活状态下，恐怕他已经是接近半疯的状态了吧，他不知道。

到了8月，沈从文主动将自己的人事关系和工作重心转到了历史博物馆。他决心放弃文学，希望用史部的杂知识和对于工艺美术的理解及热忱来研究中国古代的工艺美术史，并且表示会将余生的精力都转成研究报告，"留给韦护一代作个礼物吧"。

1949年9月8日那天，沈从文还主动致信丁玲，表示自己正在努力地改变自己，并希望她安排和劝说张兆和能够在他工作结束后回到家中去帮助他进行"改造"，只有三姐才能够帮助他沈从文抵抗住毁灭和疯狂的侵害，只有她在他的身边，他才能够有重塑的希望。

当时张兆和因为已经在华北大学接受初步的革命教育，平日里吃住都在学校，而两个孩子也因为读中学，并且经常有政治活动，晚上常常回家很晚，所以沈从文每天回到家的时候，家中总是空空的。从他向张兆和提出的这一点儿实际的要求里我们可以知道，当时的张兆和仍然是他内心的精神支柱，而且他亦很坚强地主动想方设法保全自己不再至于崩溃绝望到无可补救的境地。此时此刻的沈从文是孤独的、挣扎的，但他也勇敢而决绝地在主动地寻求恢复，并试图开创自己的新事业。这份勇气和尝试，不是一般人能有的。

9月20日的午夜，沈从文还为自己的"恢复"特意写下了长诗《从贝多芬乐曲所得》，他告诉张兆和这是他为纪念生命的恢复的种种而写下的"分行小感想"。在这首长诗里，沈从文将自己的精神状况的变化同乐曲的发展梳理结合起来描述，并感念音乐的作用，如同自己在长长的乐曲中获得了新生："它分解了

我又重铸我 / 已得到了一个完全新生!"

他终是由这半年多的自毁里苏醒了过来,由失常和疯狂而得来的一切中,终于战胜了一个大困难,真正恢复成了一个更加善良、柔和的人。而实际上,当我们真正回首1949年这段时间沈从文的"疯狂"时,我们不难发现,他的这种疯狂,不单纯是受激烈批判的影响,而是一种由来已久的思想上的迷茫和自我斗争,他的这种"疯狂",实在是一种在极端清醒下的疯狂,是一种对现实有些破罐子破摔的勇气,是针对现实和其自身的处境而做出的"疯狂"之举。

多年之后,我们再次读起沈从文在这段时间所写的一些文字资料,能够清晰地看到他当时所经历的一切,以及他的心路历程和精神变化。如《沈从文全集》第十九卷中,他在回复张兆和的一封信里就曾这样感叹自己在精神上非常劳累。社会在发展和进步,然而却有人在不断地向他声讨和叫嚣,这些声音在经过个一两年之后应该会结束的吧。

但是无论疯狂也好,清醒也好,沈从文却终究是在这段"生病"的时间里决然告别了自己曾经引以为豪的文学生涯,这项他为之奋斗了三十年并且安身立命、打算终身为之努力和甘之如饴的事业,就这样在1949年这道分水岭上正式与之告别了。因为他心里明白,新时代的文学早已不再是同他以往所习惯的那样,从"思"出发,所以他知道,他写的东西在新的时代是不适应的,他必须停下手中的笔了。

可以这样说,在新的时代里,沈从文的身份已经早已不再是一个"作家"了，值得我们注意的是，在这段时间内无心写下的大量的书信、交代、旧体诗甚至是检讨等，与其同时期公开发表的其他一些文学创作一样具有文学艺术性。

通过将沈从文在20世纪50年代到70年代公开发表的很多散文和他同时期写下的从文书信稍加对比之后，我们就可以清楚地看到沈从文在这些书信中所表达的那些情感和思想的"私人性"与时代潮流是存在着一些冲突和矛盾的，但是也正是其"私人性"的情感和思想对时代潮流的这种矛盾，才使得文学在这段时间得以成全心灵的庇佑和真实。

这样的一段书信文学，对于沈从文自己的一生而言，有着极其特殊的意义，也因此，我们不能完全说这段时期的沈从文真的结束了他的文学生涯，而只能说，这是他在经历了"疯狂"和"自毁"之后，主动远离了时代要求的作家身份而转向潜心研究文物，希望为历史和人民再做出一点贡献罢了。

第八章
大音希声,沉默震耳欲聋

第一节　挥别喧嚣，重归从容

中老胡同三十二号的西北角有一处屋子，屋里寂静无声，外面却是震耳欲聋的欢呼。屋里，沈从文用笔在纸上沙沙地写作着他的长诗《黄昏和午夜》；外面，天安门和大街小巷的人群却在沸腾着、跳着、唱着，歌颂着新时代的到来和伟大。

"你饱尝人生辛苦忧患的过来人／或由于脆弱，受伤后即倒下永不再起／或由于坚强，于倒下后犹能重新上路／我明白你是万千中之一人／终得从'沉默'启示中回复过来／要学习'接受'，方能有个真正的'新生'……好勇敢而单纯，和万万人民一样／来准备迎接每个新起的日头／在阳光雨露中勤劳手足／完成社会国家的新生……"

他静静地在纸上写着，浑然不受外界喧嚣的影响。

此时的沈从文事业上仍在恢复期，更是家里唯一的"群众"，这让沈从文感到非常有压力。张兆和已经以团友的名义加入了新民主主义青年团，他的大儿子龙朱已经成了一名光荣的共青团团员，就连小儿子虎雏亦早已申请加入了少年儿童队。

不仅如此，沈从文的两个儿子对于父亲的"不进步"很是着急，他们十分迫切地希望父亲可以在思想上早日完成改造，不要让母亲总是批评他。他们渴望家庭和睦，所以打定了主意要帮助张兆和对沈从文进行教育，以早日恢复快乐的家庭氛围。

有一天晚上，两个孩子从东单劳动服务回来之后，兄弟俩便兴致勃勃地同父亲沈从文开始讨论白天的事情。小龙和小虎认为父亲在博物馆里搞古董"很没意思"，他们不明白他为什么不能将思想做一下转变，欢喜一下社会的进步，多看一些新书，多做一些对国家和人民有益的文章，心甘情愿地为人民服务，快快乐乐地投身到一切工作中去，说着说着，心急单纯的小龙甚至为此哭了起来。

孩子们的一番话，让沈从文有些哭笑不得，也让他清楚地看到两个孩子思想的变化。他们同周围所有的人一样，不假思索地就围在了新时代周围，但是沈从文却不急于这样做。对于他而言，没有理解这样做的原因时，他是不会去执行的。

对于眼下的这个新国家、新政权，沈从文偏要从自己的思索和理解出发，即使被认为是书呆子，是不可接受，他也不会低头。对于人们口中的"革命"，沈从文有自己的理解。在他眼里，革命应当是一种非常枯燥甚至是苦闷的工作，需要人面对极大的困难，在各种腐败和黑暗面前不低头、不屈服才能实现了的。

为了往前发展，国家对以沈从文为代表的这些旧知识分子进行重点教育。这个过程，注定是非常漫长而又艰难反复的。1950年3月2日，为了接受政治学习，沈从文被安排进入了华北大学，随后被转入了华北人民革命大学。

尽管如此，沈从文依旧很孤独在学习小组里，更是闷声不响，从不认真听各种报告，甚至空闲的时候，他也拒绝和别人交流，既不下棋，又不打牌或者跳舞，只是一味往食堂里跑，和里面的炊事员们聊天。从这些做事最多、勤勤恳恳、踏踏实实的炊事员们身上，沈从文学到了很多东西，也受到了很多的触动。他尤其钦佩其中一位老炊事员那种无论遇到什么事情都能不声不响地干下去的精神，觉得这才是"人民"和"劳动"的真正的意义，为此，沈从文还专门以这位老炊事员为原型创作了一部小说名作《老同志》。并且此后的三十多年里，沈从文总会提起这位老炊事员及其同事给自己带来的深刻教育和启示。

到了12月，沈从文总算以很低的评定成绩通过了在革命大学为期十个月的学习生活。尽管并不认可某些事情，但在革命大学的这段日子对沈从文的影响还是非常大的。

1951年1月，沈从文得以重新回到历史博物馆里继续他的文物研究工作。有的时候，儿子虎雏也会在闲暇时过来帮他清理文物，这个时候，沈从文就会忍不住向虎雏讲解起他所了解的历史文物的知识来。尽管对父亲所讲的内容根本不感兴趣，但是虎雏也没有表现出任何反感，只是沉默地忙着手头的清理工作，任由父亲一个劲儿地讲下去，有的时候，他还会听见沈从文自言自语，说这才是真正的为人民服务的劳动与光荣。

及至4月，历史博物馆和敦煌研究所联合举办了"敦煌文物展"，展出了一大批丰富的字画摹本，沈从文则比被吸引前来观展的人还要兴奋，一次次主动为驻足观看字画的人们进行详细的解说。然而，尽管已经将自己的全部身心都投入在了工作的认真和沉静里，沈从文在思想上的艰难挣扎却并未停止。在日记中，他感叹在国家的日益兴盛面前，个人的喜怒哀乐实在是太渺小了，简直羞于说出口。

是的，尽管选择了转变，选择了归于平静，但是他的内心仍然是挣扎的、复杂的，他深深地感到自己在新生国家机器的运转面前，自己的痛苦和抗争是微不足道的，并深切地明白自己即便在尘埃落定之后还是游离于这个新时代的车轮之外。

10月，沈从文自愿加入了赶赴四川参与土地改革的队伍。他写信告诉张兆和，他希望这次行动可以成为他人生中又一次重要的改变，希望可以通过这次行动学着与人民和新的时代相亲近，并保证一定会遵从队伍的领导，凡事都打起十二分的精神好好去做，不会让她和龙儿、虎儿失望的。他也期望着能从这项工作中获得更多的勇气，以便将来为国家和人民再多做一些实事，以弥补他曾经的过失。

参与这次土改，沈从文的决心和愿望都是非常朴实的，而且这次经历也没有让他失望，相比于在革命大学所学习的理论，这次深入四川农村参加土改，让沈从文目睹了"地主"这一特殊群体在中国大地、在中国历史上的消亡，也让他真正第一次从这个新兴的国家里感受到了希望和光明。他过去心中的那些犹疑终于得到了消解，一种积极向上的热情开始促使他将更多的时间和精力投身在"为人民服务"的劳动中去了。

其实，新中国成立后经历了种种学习和斗争后的沈从文早已看清楚了一切，选择放下从"思"出发，而转向"为人民服务"的热情，可以说是他在经历风雨如晦后，追求尘埃落定后的平静心境的一种表现。正像他自己所说，他爱这个世界，爱人类，但是他对这个世界也没有什么可说的。他只是一个朴实而平静的善良的"乡下人"，有着尘埃落定后的平静而更加朴实明净的心灵。

尽管新中国成立以来，因为种种原因，沈从文不得不搁下了手中那写了大半生优美文字的笔，但他却在随后的20世纪70年代成为在国际上备受青睐和追捧的文学家之一，很多国际上著名的大学甚至多次向其伸出了橄榄枝，希望他可以出国来为他们做几场演讲。

然而，对于晚年的这种声名再起，沈从文却并没有表现出太多的喜悦，相反，他甚至有些不太习惯。因为风风雨雨之后，对于名利和沉浮以及一切外在的事物，他早已不太在意了。此刻的他，拥有得更多的是从从容容的快乐，是淡然面对老去的风度，是继续固守精神世界的执着。

1980年，沈从文收到了傅思汉邀请他携张兆和前来纽黑文与他和张充和聚首并进行演讲的信件，经过一番考虑后，沈从文最终决定和妻子一同飞往美国，因为他心里一直有留学的梦想，想到西方世界去看一看，而且他们和张充和一家也的确是很多年没有见过面了，是时候聚一聚了。

在出发前，沈从文就曾经致信给钟开莱说这是他第一次到国外去，什么都没有经历过，恐怕会遭遇不少的麻烦，留下乡下人进城一样的笑话。其实沈从文和张兆和此行遇到的麻烦尚不算多，但沈从文闹出来的笑话倒是不少。

到美国以后，有一次沈从文等人随耶礼学会在一个考究的俱乐部聚餐，在吃饭之前，厉行节约的沈从文叮嘱不要上太多的菜，两三个就够了。听了三姐夫的话，一旁的四妹张充和赶紧拦着不让他往下说了，并告诉他，他也就面前那一盘菜，还是主食加副食一起的。在座的外国人不解发生了什么，听完张充和的解释后才都欣然笑了起来。

此外，因为沈从文到美国后很喜欢吃冰激凌，所以每天吃过饭以后，张充和一定会拿些冰激凌给三姐夫吃。有一天，吃过饭之后，张充和忘了给沈从文拿冰激凌，沈从文就故意说既然饭吃完了，他就要上楼去了，说完以后，发现大家都没有理会他，于是又说那他真的上楼去了，结果大家只是更加困惑地看着他。没办法，沈从文只好站起来装出一副要上楼去的样子，说既然他决定上楼去了，那就不吃冰激凌了。听到这句话，大家方才明白原来这位大作家是嘴馋了，连忙哄笑着给他拿来了他爱吃的冰激凌。

沈从文和张兆和一共在美国待了三个多月，其间，为了讲学,沈从文在傅思汉的陪同下从东到西跑了十几个学校,但是他每次都记不住学校的名字。

对于这次讲学,沈从文曾经自嘲是王婆卖瓜,能出国去让洋人们看大熊猫似的看看就算是完成了主要任务,剩余的讲话其实不过是简单地聊聊天罢了。因为需要跨州,所以每次沈从文讲学回来的时候都是深夜了,但即使是这样,返程途中的沈从文依旧和傅思汉聊得很开心,一点儿都没有疲累困倦的意思。事实上,傅思汉一直都非常喜欢同沈从文说话,只是两个人见面的次数有限,总让人觉得聊得不尽兴,现在,他终于可以借这个机会亲近沈从文,当然也就不会"沉默是金"了。

除了到处去讲学之外,沈从文还借这次出国的机会拜访了一位分别了有半个世纪的好朋友——王际真。王际真是在徐志摩的介绍下认识的沈从文,并且,在沈从文苦苦追求张兆和期间,还给了他不少的鼓励。后来,王际真来到了哥伦比亚大学中文系任教,成了第一个将《红楼梦》介绍给美国读者的人。

得知沈从文要来美国讲学的时候,王际真已经退休二十多年了,因为妻子很早便去世了,所以就独自一人居住在教授公寓里,每天深居简出,很少见人。沈从文向他说明了要专程拜访他的想法后,王际真也只是以不愿意破坏彼此在对方心目中的年轻模样为由拒绝了沈从文,尽管事实上,王际真一直细细保存着沈从文早年写过的一些作品集子和写给他的所有的信件——他对沈从文的友谊一点儿都不比沈从文对他的友谊要少,只是到了晚年想法有些奇怪罢了。

最后一天的时候，沈从文参观了美国规模最大的一家中文书店——旧金山东风书店。在这里，他接待了一直视他为偶像的中国台湾作家白先勇先生。此刻的白先勇先生业已五十多岁了，脸上挂着代表着岁月痕迹的皱纹，眼神中却充满了坚定。他十分激动地告诉来访的所有人说，尽管这几年之间，中国经历了几次大的变动和波折，但是艺术的光芒不会因此而黯淡，沈从文先生从少年到现在的所有作品都经得起时代和历史的考验，他所书写的美与诚，他的艺术作品及其内涵必将长存不朽。

分别的时候，张充和随西方礼节亲了一下三姐和三姐夫，结果将沈从文吓了一大跳，他没有想到西方的礼节如此开放，所以当场就像个木头一样愣在了那里。年轻时曾梦想着出国留学，结果因为学不会外语而不得不放弃的沈从文，这一次，终于圆了他的出国梦。

第二节　绿叶对根的回报

汪曾祺曾称沈从文是一个在沅水上生活了一辈子的人。二十岁以前，沈从文在沅陵水边的土地上生活并长大成人，二十岁以后，他虽身在异地，却始终在精神上怀念着这条长达千里的河流。他同高尔基和马克·吐温一样，都同一条河结下了不解之缘。

从1932年为了到北平去读书求学而离开之后，沈从文一生统共回过四次乡。第一次是1934年，沈从文的母亲黄英病重，沈从文辞别了新婚的妻子一路日夜兼程赶回凤凰见了母亲最后一面；第二次是七七事变之后，沈从文南下避难，曾经短暂地住在大哥沈云麓在沅陵的家里一段时间；第三次是1957年，他借到湖南考察的机会再次回到了家乡；而第四次，也是最后一次，是1982年，年近八十岁的沈从文在妻子张兆和和表侄黄永玉的支持下决心再回一次凤凰以一解乡愁之苦。

在沈从文的心里,尽管凤凰只是一座不起眼的小城,但是他终其一生似乎都没有走出它的城墙,它是他心上一轮温柔的明月,是他心底最柔软的一个地方。无论他走过多少路,行过多少桥,看过多少景,最终他还是要回到凤凰的,因为它是他的故土,是他童年的记忆,是他心底最单纯的快乐。

在离开家乡后的每一个日子里,沈从文都深深地思念着湘西,思念着凤凰,并且,随着他年龄的增加,这种乡愁也就愈发的浓厚。他常常向人们念叨着一定要再回到凤凰去,去看那满山飞舞的灯笼花、豆绿色的小溪、火红火红的枫树坳、身穿华丽的苗服的老汉和女歌手,以及那总是嘎吱嘎吱响的吊脚楼,他还要在春天的时候再坐在小船上到城里去四处游荡,再将城里那些好吃的吃上一遍,把那些好玩的再玩上一遍。

沈从文的怀乡之情虽然浓厚,但年岁见长,他的身体毕竟是难以经得起车马劳顿了,于是,一拖再拖之下,回乡的计划就拖到了1982年。这一次,即使是冒着身体会垮掉的风险,他也必须回去了。乡愁是难以根治的心病,除了回乡之外,别无他法。他老了,是时候回去看最后一眼了。

人老莫还乡,还乡须断肠。

无边细雨,远山如黛,杜鹃声声,一条石板路上响起了轻轻的脚步声,白发苍苍的沈从文边走边向前望着他记忆里的那座幽暗的小屋。空气中飘散着杏花的芬芳,摸一摸自己的鬓角,他情不自禁地以为自己还是那个调皮的少年。他在老屋里坐了下来，前尘往事犹如昨夜星辰，每一件都历历在目。

那还是二十五年前，返乡的沈从文坐着汽车来到了喜鹊坡。他兴奋地跳下车三步并作两步地跑到了老屋的门前，但是到了门口却又忽然故意不进去了，只是在门外高喊着大哥的名字。大哥在屋里问是哪位，他只说是我呀，你听出来了吗？他的话音还未落，大哥沈云麓就早已急急地奔了出来，嘴里一边喊着"真是菩萨保佑，鬼老二居然回来了"，一边像小孩子一样高兴地喊着叫着抱住了沈从文。

在这间老屋里，沈从文出生、长大、出门当兵，然后又跑到北平去读书写作，再一次次地回来到它的怀抱，它承载的是他一生的回忆。只是，此时的老屋里已经没有了父亲沈宗嗣和母亲黄英，而几个兄弟姐妹里面除了大姐沈岳鑫之外也都已经入土为安了。一家人欢聚在一起的日子也早已成为了南柯一梦，只留下了一些永恒的照片供沈从文缅怀拭泪。

在这些亲人里面，沈从文尤为想念和心疼他的小九妹沈岳萌。沈岳萌是沈家最小的一个孩子，生下来便被各种宠溺，尤其是母亲黄英，对她简直是捧在手里怕碎了，含在嘴里怕化了，从来不舍得打骂她，更没有要她自己穿过衣服，梳过头发。年纪小是一方面，九妹被宠爱还因为她自小就长得娇俏可爱，脸小小的，眼睛却大大的，像两汪漆黑的湖水，花瓣一样诱人的嘴唇，见到她的人没有一个不欢喜她的。

除此之外，沈岳萌还是一个非常聪明的小女孩，她能够很快地算出哥哥们都不会解的数学题目，并且总是喜欢黏着母亲黄英,像个小跟屁虫,又像一只柔软的小猫,一副我见犹怜的样子。她还特别喜欢礼物,如果哥哥们出门回来没有给她带好吃的好玩的,她就会任性地将大门堵住不让他们进来,直到哥哥们将她哄得满意了为止,十分的娇蛮。

如果说,张兆和是沈从文作品最主要的灵感来源,那么排第二位的便是这位小九妹了。对于九妹,沈从文丝毫不掩饰对她的偏爱,他一开始写过的作品集都有这位小姑娘的题字,可见沈二哥对小九妹的重视。

在沈从文的作品《玫瑰与九妹》中,沈岳萌就像是一朵鲜艳而娇嫩的红玫瑰,而她也最欢喜玫瑰花,见到家里花盆中的玫瑰开放后,她总要一个人背着母亲和保姆抚摸那鲜红的花朵,对着它低眉浅笑,仿佛因为这玫瑰的盛开而变得无比幸福。

随着沈家的没落,远在北平拼命写字为生的沈从文想到了家乡的小九妹,他不愿意她这朵玫瑰的美丽被埋没,于是决定将她接到北平接受更好的教育,并发誓将她培养为像凌淑华和林徽因那样具有高度的文学修养的女神级人物。天生丽质的沈岳萌也的确具有很好的文艺气质和灵气,她拿着书站在那里,便是一道美丽的风景,任谁见了都要驻足观赏一番。

母亲黄英跟着小九妹到了北平以后,一直怀有出国留学梦的沈从文替小九妹选择了法语专业,希望她可以通过学好外语,将来代替她的沈二哥到那浪漫的法国去留学,摆脱湘西普通女子的悲惨命运。只是沈从文没有考虑到的是,尽管九妹生性聪慧,但是看似浪漫的法语对于毫无正规教育基础的她来讲还是过于复杂难懂了些，因此，沈从文不得不一咬牙为沈岳萌聘请了一名大学生为她辅导法语功课，即使为了这笔钱，他又要伏案苦写好多天。

然而，沈从文这边一心为小九妹规划着宏大的未来，那边小九妹的心思却产生了变化。

原来，在家乡自由生活惯了的小九妹并不喜欢读书学习，她怀念着家乡的一切，并且一想到家乡那些好玩的游戏、美丽的景色就忍不住潸然泪下，因此，虽然不想让沈二哥失望，但这位小九妹的的确确是恨透了这些艰难晦涩的法语。她想要回到家乡去自由自在地玩耍，只不过舍不得疼她的沈二哥而已。

并且，除了让九妹学习法语之外，沈从文还执着地要求九妹尝试文学创作。他认为写作并不是非常难的事情，如果写不出来，一定是因为不肯用功，不够努力。因此，当他知道九妹写不出自己要求她写的小说时，不免有些生气，觉得她一点儿都不懂事，都十五六岁了还那么懒惰。

面对沈二哥的批判，沈岳萌只是低着头没有说话。沈二哥怎能如此要求她呢？她虽然和他一样看多了湘西的青山绿水，但毕竟没有沈从文那样复杂的人生经历、毅力与才华，她一直都是在家人的宠爱下无忧无虑地生活的孩子，哪里能写得出那么多像沈二哥的作品一样优美深刻的文章来呢？她做不到。

沈从文到上海公学任教之后，小九妹也跟着来到这里借读，并开始学习英语和编织。此时沈从文因为一家大小的开支而不得不整天拼命地赶稿子，而母亲因为体谅儿子的难处，即使生病咳嗽得停不下来，也不愿意找医生花钱医治。看到这些，小小的九妹禁不住难过起来，责备自己让沈二哥和母亲为她付出了这么多，她却总是什么都做不好。

1928年，为了哄小九妹和母亲开心，沈从文创作出了他生平的第一部长篇小说——《阿丽思中国游记》。在这部小说里，他以九妹为原型，创造了女主角仪彬这一形象。小说里，仪彬是一个温柔善良、活泼可爱的小姑娘，讨厌学习法语课本，总是喜欢陪在妈妈的身边，像极了现实中的小九妹。

半年后，沈从文到了青岛，小九妹又一路追随着沈二哥前往青岛大学。此时的九妹可以说已经学习了多年的法语，但令人遗憾的是，她并没有真正掌握这一门语言，也没有像沈从文所期望的那样，能够写出一些动人的小说来，却只是耽于小说美丽虚幻的想象世界，不愿意踏踏实实地学习一项可以用来吃饭的本领。

随着沈从文的名气越来越大，报纸对他的花边报道也越来越多，在内容上不仅谈论他和张兆和的爱情趣闻，还对小九妹沈岳萌品评了一番。其中，一篇名为《最近的沈从文》的文章中就以夸张的辞藻将小九妹塑造成了一个富有美貌又自视甚高的女子，并称希望她将来一定要嫁给一位威严的将领，那样才能镇住她的嚣张气焰。虽然这篇文章用语不实，但九妹给人的印象是美丽而娇气的这一点却是事实。

不久，沈从文和张兆和在青岛订婚，开始了甜蜜的相处。对此，小九妹沈岳萌既高兴又难过，高兴的是沈二哥终于娶到了一位美丽的意中人，难过的是也许从此以后，沈二哥就不会对她那般宠爱了吧，至少也会减少许多，这都是因为张兆和。其实一直以来，沈从文都没有减少过对小九妹的爱和关心，即使他再难，也会尽其所能地为小九妹创造最好的生活和学习条件，不肯她受到一点苦，凡事都护着她，只是也许是习惯了有沈二哥的护佑，渐渐地，小九妹失去了向上的信心和劲头儿。她似乎也是很想飞，想要同沈二哥一样有所成就，但是却又不知道自己真正需要什么、该做什么。

结婚后，沈从文最终和张兆和在北平定居，而此时的沈岳萌也到了适婚的年纪，于是沈氏夫妇很热心地开始为燕京大学的心理系教授夏云和小九妹牵红线。不过，渴望浪漫爱情但又对婚姻毫无安全感的沈岳萌最终没有和夏云继续走下去。

1934年，沈岳萌遇到了在沈从文的资助下前来北大读书的文学青年刘祖春。对于沈从文的这位小九妹，刘祖春也是早有耳闻，并且曾经在沈云麓的一本杂志上见过她的照片。那张照片上的小九妹穿着一身素色的旗袍，身姿婀娜，楚楚可人，而沈岳萌对这位家乡来的年轻人亦有一种天然的好感，见过几次面后，两人便产生了美丽的爱情。

看出两个年轻人的心思之后，沈从文和张兆和便很欢喜地为他们做媒了。只是好景不长，1937年夏，七七事变爆发，信仰马克思主义的刘祖春大学毕业后决定投身革命战争，于是狠心辞别了小九妹前往山西。但是，满脑子浪漫主义色彩的小九妹却坚定地要同他一起走，她告诉刘祖春，无论跟随他到哪里，做什么，她都不害怕，不退缩。看着九妹美丽无瑕的面庞，刘祖春心疼极了，但理智的他心里明白九妹实在太娇弱了，革命无情，不允许他们贪恋儿女柔情，他照顾不好她，不可以带她经历那些炮火和杀戮。

刘祖春走后，原本就视爱情为生命的沈岳萌遭受了很大的打击，她整日以泪洗面，郁郁寡欢，甚至开始看起了佛经以安慰自己受伤的心灵。

1938年，沈岳萌跟随张兆和南下到了昆明与沈从文团聚，而此时，她已经二十六了，美丽的年华转眼已逝，她仍是一个人，既没有嫁人，也没有参加工作，只是整日赖在沈从文家里，依靠沈二哥过活。到了昆明后，沈岳萌在沈二哥的安排下在西南联大的图书馆做事，偶尔也会参加一些佛教活动。自从信仰了佛教之后，沈岳萌总会尽可能地去帮助别人，一心做好事，但是有一次，图书馆遭到了敌军的轰炸，沈岳萌忙前忙后为别人搬东西，结果自己住处的财物却被小偷洗劫一空。这件事情之后，沈岳萌的精神便开始变得不正常了，生活也因此变得乱七八糟。

昆明的生活十分艰难，为了养家糊口，沈从文总是夙兴夜寐地工作，然而小九妹却似乎一点儿都没有认识到这一点，她依旧在城里到处闲逛，到饭馆吃饭，然后去看电影，甚至在呈贡的时候还常常背着嫂子张兆和将家里的食物拿去分给穷人们吃，丝毫不管沈二哥家里是不是已经快要揭不开锅了。可以说，此时的沈岳萌在精神上已经接近于疯子，彻底生活在了她空想的世界里。

最后,无计可施的沈从文不得不写信给大哥沈云麓,希望可以将小九妹接回凤凰,也许到了家乡她就会变得快乐和正常一些。家乡那边接到沈从文的信后,派沈从文的六弟沈荃赶来接九妹回家,结果沈荃到昆明后,眼见曾经娇嫩如花的小九妹变成了一个憔悴疯癫的女人,难以经受这一变化的沈荃愤怒地掏出配枪要杀了沈从文。

回到沅陵后,九妹由大哥和大嫂照看,只是性子不但没有改变,反而更加慵懒和任性起来,经常半夜不好好睡觉,跑出去几天都找不到人影,最后逼得大哥只好将她锁在屋子里,结果她为了逃跑而跳下窗户,把一条腿都摔断了。

此后,九妹又不知道为什么非要嫁给一个名叫莫仕进的单身汉,他是一个给别人建房子的泥水匠,穷苦得很。嫁过去之后,九妹依旧是什么都不会做,只是整天在乌宿的河滩边出没,并最终饿死于20世纪50年代末的困难时期,只留下了一个儿子,取名为莫自来,据说样子长得很像她,十分英俊,可惜长大了和他父亲一样,依然是个泥瓦匠,生活并未有所改变。

沈从文怎么也没有料到,他带出凤凰去,一心想要培育为最灿烂的玫瑰的小九妹,最后竟然落得个如此悲惨的结局,命运对她和他是何其的无情,竟然要这样报复他们。他是多么后悔啊,如果不是他硬逼着她学习法语,学写小说,让她感到那么多的压力和挫折,而是安心让她在凤凰继续当那个天真快乐的小九妹,长大了就嫁个当地的靠谱的人家过日子,她就不会遭到后来那么多的打击，不会凄惨地凋零。可是，再怎么后悔，都太迟了。

沈从文想要让小九妹跻身上层知识分子行列的美好愿望没有错，错的是他没有考虑清楚她是否适合。从小就受尽娇宠、自由自在的沈岳萌其实根本就没有独立生活的能力，甚至没有明确的生活信仰和追求，他硬要她变为境界高深而又浪漫多情的才女，结果只能使得她越来越脆弱和疯狂，最终走向了毁灭。

"妈因为爱惜，从不忍折一朵下来给人"，沈岳萌，这朵黄英爱惜至极的玫瑰花，这个美丽而脆弱的小九妹，终于还是随世事兀自败去了，只留下亲人们对她的一片惋惜。

这是1982年的5月，正是杜鹃花盛开的日子，千树葱郁，万树葱茏。回想起1934年，为了看望病重的母亲黄英而匆匆离京时，自己曾经多次对着美丽的凤凰山水感叹无法带妻子张兆和与他共同欣赏，而如今已经是白发翁媪的两个人终于牵着手一起回到了这座遥远瑰丽的小城，沈从文就感到莫名的欣慰和激动。他一定要带她看遍故乡每一处动人的景致，带她将河街上那些美味的春卷、馄饨、烤猪血等都吃个够，带她见见那些操着乡音的朴实的父老乡亲。

而对于张兆和来说，尽管这是她第一次来到凤凰，但这么多年以来，通过沈从文的那支笔，通过他的亲友的描述，她对这里的一草一木其实已经熟悉得宛如第二故乡。凤凰不仅是沈从文心口的一颗朱砂痣，更是张兆和心里一个美丽的梦境。

这次回乡后，沈从文和妻子张兆和住进了城西白羊岭古椿书屋黄永玉家的木板老屋里。黄永玉家的院子很大，清雅舒适，草木幽深，一条布满了斑点的青石小路铺在院子中间，早上的时候，石桌上还会摆上一些茶点。有的时候，沈从文会忍不住想就这样一直待在老宅子里，平日里喝喝茶，和三五好友、亲朋乡邻们聊聊天，同年岁一起慢慢变老。

听闻沈从文回乡，乡亲们纷纷前来看望他。而当客人离去之后，沈从文、黄永玉便和几个相熟的朋友坐在一起聊一些凤凰小城的旧事，这些故事就和沅江里的水一样多，使得他们经常一聊就聊到了夜深，还总也聊不完。

第二天下午，沈从文和黄永玉叔侄俩来到了他们共同的母校——文昌阁小学，来重温过去在这里的美好时光。当初，沈从文曾是这所学校里出了名的捣蛋鬼，没有一个老师不因为他头疼的。但是有一次，他逃学到南华山去采野菜被老师发现了，于是罚他跪在树下，过了一会儿，老师走过来指着他旁边的大树批判他作为一个好男儿，不知道像这树木一样努力向上生长，却甘心下跪。听了老师的话，这个调皮鬼终于顿悟，从此以后再也不逃学了。如今，沈从文这个连小学文凭都没有拿到的人，已经成了这所学校最优秀的榜样和楷模。

不仅如此，为了满足沈从文再听一遍家乡的楚声的美好心愿，乡亲们还特意请县里的几位民间艺人在老屋前为沈从文和张兆和演唱了他从小就耳熟能详的傩堂戏《庞氏三春》《孟姜女》和《搬先锋》等。小的时候，为了听这些曲子，沈从文还经常逃学，整宿整宿地听。此时，沈从文听着听着，情不自禁地跟着艺人们手舞足蹈地唱了起来，一边唱一边流泪。这些呜咽的楚声，凝聚的是他对故乡的深深情思啊！

对于故乡的一切事物，沈从文都是喜爱和眷恋的。他喜欢家乡的豆浆和油条等食物，欣赏凤凰的刺绣工艺，甚至一再鼓励张兆和多买一些给龙儿和虎儿寄过去。有的时候，沈从文简直希望自己可以有个装不完的魔法大袋子，可以允许他将家乡的一切宝贝都珍藏在里面，这样即使他离开了也不会因为丢了什么美好的记忆而惋惜和遗憾。

但是，在怀恋故土的同时，沈从文依旧敏锐地察觉到在不可逆转的时代背景之下，他记忆中的湘西也在一点点地发出变化，很多古老的艺术和事物都在改变。曾经险滩恶浪的沅水主流已经被各种来往的货船、汽轮、游艇占据，桃源边上几十里长的"武强溪"大水坝的建成，沅陵最美的四个小县城也会渐渐失去平静。后人若再想体会它们的美丽，恐怕只能从书本上的文字记载去感悟了。

幸运的是，沈从文为我们留下了关于湘西过去的优美清静的几十部书稿和作品，在他动人的文字之下，我们尚可以想象那个如世外桃源般没有被破坏的古老的湘西世界。

回乡后，沈从文高兴地在信中告诉友人，如果他的身体条件允许的话，再过一阵子他一定还要到周围的几个县城再转一转，他还要坐着船，一路顺着龙潭到辰溪和桃源，将这故土的景色再全部看上一眼。

然而，因为黄永玉的老屋门前是将近一百道的坡坡坎坎，行走起来十分的费力,极为不便,沈从文再不是从前那个可以独自走来走去的少年了,因此,很多他在信里向友人提到要去的地方,最终还是没有能够去成,这不得不说是一大遗憾。他实在太希望在家乡各个地方再多住些时日,再多带走一些永恒的回忆了。

事实上,到家乡后过了不久,沈从文就已经病重到无法行走了。这一次的还乡,已是他这片小小的绿叶,对故乡根土的最后一次回望、思念和眷恋。这个已是耄耋之岁的善良的人,在这片他深深眷恋着的故土上,最后一次留下了美好的记忆。

第三节　我尚年少，你未老

1982年，从老家凤凰回来以后，沈从文住进了崇文门东大街二十二号楼的寓所中。这里宽敞而舒适，可以说是沈从文一辈子住过的最好的一间住房了，然而此时他却无力为此欢喜，因为他的身体已经开始每况愈下，到了第二年，因为脑血栓的缘故，沈从文右边的腿和胳膊都陷入了麻痹状态，再难出门行走，生活上也已经完全无法自理，只能靠妻子张兆和照料。

不过，即便是这样，沈从文仍然非常乐观，脸上总是带着孩子式的温暖的微笑。如果有朋友来信，沈从文就会口述，并麻烦张兆和为他代笔。而为了让沈从文安心休养，家人们便在家门口贴上了禁条拒绝探望。但这似乎并没有奏效，因为前来拜访的人还是接踵而至，甚至有的时候，家人们还在为沈从文拦客，他就像一个调皮的、闹着要见自己小伙伴的孩子一样大喊着他能见，让家人们赶紧将客人请进门。

其实，对于沈从文来讲，能够和老朋友、新朋友见面是他这时最大的快乐。朋友和女儿一样，都是贴心的小棉袄，如果没有朋友在身边可以和他谈天说地，探讨作品，他就会感觉有些落寞和不习惯。

1985年，借着到北京参加全国两会的机会，八十一岁的巴金不惜爬了七层楼梯来看望病重的沈从文。

巴金祖籍浙江嘉兴，曾在五四精神的影响下离家去法国留学，因而和沈从文在经历上有些相似之处，只不过沈从文为人谦虚柔和，风度儒雅，而巴金则是热情似火，活泼豪爽。尽管性格迥异，在某些问题上的看法也颇有争执，但这丝毫没有妨碍两个人一见如故，关系铁得很。

沈从文在青岛教书的时候，还曾经邀请巴金到青岛游玩以寻找写作的灵感，巴金则欣然前往，和沈从文一起住在他的宿舍里。闲暇的时候，两个人便一起到海边去散散步，或者一起漫步于樱花林，无拘无束地谈话和嬉戏，共同回忆已逝的好友和湮远的往事。

居住在青岛期间，在海风的吹拂下，巴金写出了一部短篇小说，以及为其中篇小说《砂丁》作了序。而到了"文革"时期，巴金被迫到五七干校接受劳动改造，妻子萧珊病重都无法到病床前照顾和探望，这个时候，只有沈从文多方打听到了巴金家的地址，并写了一封长长的信对两位好友表示慰问。接到信以后，萧珊读着读着就情不自禁地流下了眼泪，她没有想到，在这个特殊的时期，居然还能有人惦念着她和巴金。

不仅如此，在萧珊去世前的最后一段日子里，沈从文代替巴金照顾和送走了萧珊，这让巴金一直感怀于心。人常道：患难见真情，两位文学前辈之间的深挚友谊令后人动容。

渐渐地，沈从文的身体已经到了一个糟糕到不能更糟糕的状态，有时候朋友来了，他也只能是躺在藤椅上，听着亲戚朋友说一说他们的近况，而他自己却只能细微地发出"嗯嗯""啊"之类的声音作为回应。

为了丈夫可以尽快好起来，张兆和特意在家里的地上空出了一米多长的红色水泥地让他锻炼身体。不过，孩子气的沈从文总是走一会儿就想要偷懒，问张兆和他是不是可以休息了，张兆和也只能故意板起脸来催促他继续走，但沈从文仍是不甘心，偏偏想要继续蒙混过关，于是接着走几步便告诉妻子"走够了，走够了"，气得张兆和骂他是个"小骗子"，总是想要哄人。

看着张兆和一脸又气又笑的模样，沈从文这次听话了，笑着继续又走了几个来回。每次走的时候，他的右手总会不自觉地颤抖起来，两只脚其实也几乎是拄着拐杖或者在张兆和的搀扶下艰难地往前拖地挪动罢了，因此，当他好不容易"锻炼"够的时候，张兆和总会细心地为他捶捶腿，而沈从文则只是默默地看着她，嘴角带笑，满含柔情。

有人责备张兆和不懂沈从文，无法做他的红颜知己，更有人声称相较于张兆和，她曲艺超群的四妹张充和其实更了解沈从文的精神世界，这一点，从沈从文死后，张充和为其所拟的可以说是极为准确地概括了这位才子一生的挽联——"不折不从，亦慈亦让；星斗其文，赤子其人"就可以看出来。然则，若要说对沈从文影响最大的女子，则一定是非张兆和莫属。

如果不是为了追求张兆和，沈从文不会为她、为后人留下那几百封堪称"世间最美情书"的信件；如果没有张兆和，沈从文也不会写出《边城》《湘西书简》《湘行散记》等旷世的优美佳作。或许她真是不够懂沈从文，却是他一生生活的支柱、灵感的来源、精神的陪伴，何况，谁规定只有足够的"懂"才能被称为是"知己"呢？

她虽未出名，但依旧是一身才华的大家闺秀，却愿为他尽敛锋芒，相敬如宾。她愿意为他做可口的饭菜，听他夸赞她的厨艺；她愿意不辞辛劳地为他整理稿件，将其归置得更加条理井然；她为他养育了他们的龙儿和虎儿，却甘之如饴，毫无怨言；她生性眼里容不得沙子，却原谅了曾经短暂地爱上他人的沈从文，只为了能够保持家庭的和睦和圆满；她甚至可以称得上他高明的诤友，可以一针见血地指出他并不适合写讥讽世人的小说，而是专注地利用他的长处去创作出更多的美丽动人的小说来，万万不可自己葬送、糟蹋了自己的才华。可以说，为了沈从文和家庭，张兆和尽心尽力，劳苦功高。即使她不是世界上最了解他的那个女子，却没有任何一个女子比她为沈从文付出得更多。沈从文是一路风尘苦旅的才子，而她便是他可以休憩的大树，可以用来遮风挡雨的绿叶，没有她张兆和，就没有后来的沈从文。

对于表婶张兆和和表叔沈从文的关系，黄永玉曾作过一个贴切而巧妙的比喻。他称张兆和和沈从文原本就像是一个来自火星，一个来自地球，然而这两个人的性格差异却能够在张兆和的主持与调和下归于和谐。张兆和像是一位专门对付沈从文这种结构复杂的机器的高明的司机，能够用她的威严和宽容、能干和温柔将沈从文及这个家庭运转得风生水起，无论发生任何状况，都不会令一切变得太糟。她教育他，支持他，照顾他，将这个直筒子的山地艺术家变得更加温和典雅，更加懂得人情世故，这一点，真是神奇至极。

在身体状况最差的这段时间里，躺在病床上的沈从文曾经十分愧疚地对妻子张兆和说出了一句"对不起"。简简单单的三个字，却深深地包含了太多太多他来不及表露出来的东西，因为没有人会比沈从文自己更加清楚地知道他们结婚这五十多年以来，张兆和为他牺牲了什么，又付出了什么。

对于妻子张兆和，沈从文始终是爱慕但又充满歉意的。因为他深知这一生没有能给妻子什么锦衣玉食的生活，反而因为自己的愚笨将她的一双纤纤素手变成了长满老茧的用人一样的手，甚至在嫁给他之后，张兆和一直都胖不起来，始终是精瘦精瘦的，让沈从文忍不住心疼。

他们在一起的这一辈子，短暂而又漫长，幸福而又琐碎，甚至各种风波不断，但他们始终都未曾放下过彼此，始终关心着彼此，用永恒的陪伴和坚强共同抵御了生活的各种艰难和无常。

其实，动人的传说和故事背后，常常有着不为人知的艰难和执着。谁都可以轻易地说再见，然后就此相忘江湖，潇潇洒洒，毫无羁绊，但也总有人，像沈从文和张兆和，无论多少阻拦和矛盾，多少波折和争吵，他们始终都愿意相濡以沫，在这苍凉的人世间做彼此坚强的后盾。人生可以简单，可以沉沦，可以放任，但若想要拥有幸福，必将经历复杂和沉痛，就像张爱玲说的那样，"生在这世上，没有一样感情不是千疮百孔的"。

沈从文和张兆和在一起经历了半个世纪的风风雨雨之后，那些感情生活中的沉重与琐屑、争吵和埋怨，都在此时此刻化为了一种浓厚的相思与不舍。人说"老来伴、老来伴"，能够携手到老才是伴。一起相扶到老以后，才恍然发现，本以为的世事沧桑，却是我尚年少，你未老，在我的眼里，你依旧是年轻时的美丽模样，在你的心里，对我是否也像当初一般热泪与赤诚？爱会让人年轻，让人永葆青春与生命，大概就是这个意思吧。就像一辈子磕磕绊绊之后，沈从文和张兆和两个人，还能像两个孩子一样，在那一米多长的空地上淘气而温馨地相视而笑，满眼温柔。

人生如梦，往事云烟，几十年之后，相爱的这两个人早已像彼此生命里的水、阳光和空气，甚至是彼此身体里流淌着的血液，再也分不开了。相爱一生，但一生还是太短。沈从文和张兆和的爱情注定如一池清荷，芳香远溢，曲折动人处又仿若古代传奇，引人惊叹。直到秋风起，人们方才发现这一池清荷里同样有着苦涩的莲子，略感失落，而斜风细雨中，身在其中的当事人，为彼此撑起青青荷盖，挡风遮雨，才让世人们更加懂得陪你看万顷荷花的人虽多，能够陪你听枯荷雨声的人才是最为难得。他们携手走过的这五十多年，既有相知相恋的缠绵，也有过不理解和隔膜，但更多的是相濡以沫、相望相守，如世间最平凡的夫妻。这五十多年后，我尚年少你未老，纵然万劫不复，我亦待你眉眼如初，岁月如故。

第四节　心存感激，然后挥手道别

沈从文的一生犹如一本厚重复杂的大书，1988年5月10日晚8点30分，这本大书终于被翻到了最后一页。

沈从文死于心脏病突发，但是死时表情看上去依然很安详平和，应该是因为懂得人生的痛苦终于要结束，而且他在人间也没有留下什么遗憾吧。沈从文走了，只留下了一部部的传世佳作，只留下了他那温和善良的音容让世人缅怀，但这个世界终究是因为他的离开而空了、静了。

一个热爱自然的"乡下人"，一个钟爱艺术的作家，一个一生热情而又孤独的人，他是沈从文。这一次，他真的吹熄了生命的火焰，从从容容地离开了。

在去世前，他言自己"对这个世界没什么好说的"。沈从文一生，少时调皮贪玩过，年轻时亦奋斗过，为了理想等过、梦过,在苍茫的世事里也真真切切地爱过,该得到的都已经得到了,失去了的也应当早已释怀,所以对于这个世界,他已经无愧于心,亦无话可说。可是此刻,人们对他想说的实在是太多,但已经合上双眼的沈从文,再也听不见这人世的纷扰和喧哗了。

流水无声中,纵观沈从文的一生,他始终都是那个沅水边的多情诗人,是古老湘西走出来的浪漫才子,在波光粼粼间低吟浅唱,在满山灵秀中直抒胸臆。他是懂得万物之美的,也最倾心于一切美好的事物,并常常将带着湖南口音的"米(美)极了"挂在嘴边。

表面上,沈从文像是从《浮生六记》中走出的人物,全无湖南人的热血与豪迈,但实际上,在那温和儒雅的气质之下,隐藏的却是一副铮铮傲骨。只要是他不同意的事情,不认可的理论,无论对他使用什么办法,都不能够迫使他去做。

不仅如此,对待朋友,他热心周到,慷慨大方,是出了名的善良的人物。可以说,他一生善良,待人总是像孩子一样毫无心机,爱祖国,爱人民,助人为乐,为而不有,质实素朴,对万汇百物都充满了感情。

然而,就是这样心思单纯的人,却写出了很多人无法写出的深刻和真实。他用手里的一支笔,写出了"两个等身的著作",是当之无愧的高产作家。对此,他既骄傲又谦逊,称毕竟是一辈子和文学打交道的人,写得好一些是应该的、必须的。他从不认为自己是什么"天才",而将自己称之为是一个"在写作上极用功"的人。

沈从文一生真的可以称得上著述丰硕，除了代表作《湘行散记》《边城》《湘西》《长河》等，他还有最著名的历史文物研究成果《中国古代服饰研究》。他一生一共写了七百三十六篇作品，还有八十五种集子，部分作品在美国、英国、德国、法国和日本等几个国家都有翻译和出版。

在沈从文去世之后，政府有关部门曾经希望为他办一个隆重的追悼会，但张兆和拒绝了。她知道，他一向都不喜欢铺张浪费。

1988年5月18日上午，沈从文的至亲好友们在北京的八宝山上为他举行了遗体告别仪式。这是一场十分简单朴素的葬礼，既没有主持人为他慷慨激昂地演说以赚取来者的眼泪，也没有矫揉造作的悼词，更没有各种各样的花圈等，只有几盆绿树、康乃馨和白色的菊花围绕在沈从文的身边。家人们没有佩戴纸花，而是一人拿了一束半开的蔷薇，在向他行过礼之后，轻轻地放在了他的身边，让他在花香弥漫中放心地走去。

在这场葬礼上，播放的是沈从文最喜欢的一首乐曲——贝多芬的钢琴奏鸣曲《悲怆》。沈从文的一生是孤独的，而陪伴着他度过这些孤独的时刻的便是音乐。对于音乐，他有着难以割舍的喜爱。这不仅是因为音乐可以表现优美真实的情感，可以愉悦人的耳朵，更重要的是，它于他而言，是知己，是良药，是在艰难时刻给予他力量和改变的伟大艺术。没有音乐，他便不懂得如何抚慰心灵，没有音乐，他便无法面对悲痛和孤独，没有音乐，就没有他这个充满仁慈和艺术气息的才子。

没有故意的痛哭流涕，没有虚伪的呼天抢地，只有雾一般的安宁和肃穆，整个丧事就这样完成了，如同沈从文生前的为人一般，永远都不会追求浮华与显赫。他像一个满足的孩子一样躺在花间，再没有什么杂音和噪音阻止他安然离去的脚步，他像一泓秋水，静静地流向了生命的尽头。

在悲伤之余，沈从文的亲友们亦没有忘记替沈从文安慰孑然一身的张兆和，特别是巴金。尽管因为重病在身，不得不让女儿李小林代自己参加沈从文的遗体告别仪式，但是巴金依旧给张兆和写了一封信安慰她，希望她可以多多保重。这些年来为了照顾沈从文，她的确也是吃了很多的苦，如果没有她，沈从文的一生也不会有那么多的成就。他和沈从文以及热爱沈从文的读者们都应该对她表示感谢。

他劝慰张兆和称沈从文虽然走得突然，但连走的方式都像他的人一样，从不愿意打扰到别人，总是安安静静的，且沈从文走的时候没有什么痛苦和噪音的惊扰，又一生清清白白，甘于奉献而不求回报，可以称得上是问心无愧，是值得人们学习地榜样，他们该为他而骄傲和欣慰，所以也愿她能够欢欢乐乐地送走他，不要让他走得不放心。没有能够亲自同沈从文告别，这让他感到十分的难过。他常常回想起30年代、40年代的时候，他在沈从文家居住，做食客，回想起沈从文经常伏在上面写字的小书桌，他回想一切关于他的回忆，但是现在，沈从文走了，他也只能将这些回忆默默地尘封起来了。

1992年，又是一个五月，凤凰小城内刚刚下过的一场小雨，空气湿漉漉的，杜鹃花开遍了原野，青萝藤蔓爬满了山坡，到处都是如水般温柔秀丽的景致。这个时候，沈从文的家人将他原本一直安放在家里的骨灰护送回了中营街二十四号的沈家旧宅。此刻的老屋里，已经挂起了一张沈从文的素描画像，还摆放着一尊他的汉白玉半身雕像。

沈从文的墓立在听涛山，骨灰则遵从他生前的意愿被撒在了生养他的沅水中。在他的墓前，有一块用天然的五彩石雕刻的墓碑，上面刻有沈从文最著名的那句"照我思索，能理解'我'；照我思索，可认识'人'"，而四妹张充和为他亲手撰写的著名挽联则用小楷字刻在了墓碑的背面。

除了这一块墓碑外，沈从文的表侄黄永玉还在附近另外立了一块石碑，石碑上刻的是他为沈从文所写的诔文："一个士兵 / 要不是战死沙场 / 便是回到故乡。"

沈从文，这个从凤凰小城飞出去的凤凰之子，终于随沅江水永远留在了故乡。在湘西，人们把这叫作"文星归土，福气降生"。

沈从文走后，思念如雪般一天天慢慢地覆盖了张兆和，她开始专心地侍弄高楼阳台上的花花草草，包括沈从文最爱的虎耳草。她还给这些闲花野草们取名为"翠翠""三三""萧萧"……竟然全部都是沈从文作品里出现过的名字。

虽然再没有了曾经和沈二哥在一起的红笺向壁，软语温存，但这个三小姐依然尽可能地保持着良好的精神状态。尽管也已经是八九十岁的老人了，但她的腰板依旧硬挺得很，无论是走路还是说话都一点儿没有老态，整个人细瘦而又干净，平淡而又明亮，像极了一幅元代的水墨画，也正像沈从文曾经所赞叹的那样："三三，你总是那样的年轻！"

在张兆和的身上，无论经历了多少的风雨和苦难，身处于怎样的逆境中，她始终都能够保持着如少女般的活泼和乐观，从不失去半分民国时代的奇女子所特有的优雅和从容，这种气质，实在可贵。

不仅如此，身体硬朗的张兆和还像沈从文一样四处游玩起来。她到昆明去，回忆在艰苦的抗战时期她和沈从文在这里经历的争吵和欢乐，看苍山洱海，希望可以像他一样将这如仙境般的美丽景色写得身临其境；她还去爬峨眉山，回想当年她和沈从文在这里的时候，沈从文总是追不上脚步轻快的她，在后面一边喘着气追赶，一面叫着她"三姐"，央求她等上他一等；她去鼓浪屿，重新感受那里温暖的海风的吹拂，看着细细的浪花拍打在沙滩上，回想当时和沈从文一起在这里牵手漫步的场景，她红着脸，他在她的耳边悄悄地说着情话；她还去了北戴河，并写信告诉孙女沈红这里有盆栽的白玉兰、扶桑以及各种颜色的绣球花，她经常悠闲在园子里散步，顺便将它们一一欣赏和辨别，而更令人惊讶的是，她的用语和修辞，读来竟然和沈从文的风格愈来愈相似……就这样，她在有关于他的一切地方停留和驻足，用欢乐又孤独的心情怀念着过往的种种。

此外，就像杨绛在钱锺书和女儿钱瑗离世后为钱锺书整理书稿，并继续坚持写作那样，张兆和也开始为去世的沈从文整理他留下和散落的作品,将他写过的信件进行归置。她想要编出一套《沈从文全集》来纪念他,以让后人都能够看到他的作品,感受他一生所追求的美丽与温柔。她知道,这件事情,必须由她来做,他的稿件只有她最清楚,如果她不做,恐怕后人就要将这些美丽的文字遗弃了,那是她万万不允许的。她不能给沈从文留下遗憾。

人们常说,时间可以冲淡一切,但是随着年华老去,朱颜改,张兆和不但没有忘记沈从文,反而对这个曾经占据了她全部青春和人生的男人的思念更加深重,和他的相识相恋,结婚争吵,欢喜快乐,都像是电影一幕幕回现在她的脑海里。有时候半夜醒来,竟然只觉得像是前世的梦一样变得不真切起来。她心里想着他,却再也听不到他亲切地回应她,叫她"三姐"了。

对于往事,张兆和有怀念,有快乐,也有悲伤和自责。在1995年8月,她为《从文家书》所写的后记里面,张兆和就以一种十分沉痛的心情对她和沈从文一生的相处作了总结。

在这篇后记里,张兆和称自己在为沈从文整理文稿的时候,面对着书桌上的稿件,读起来,却好像是在读着别人的故事一般。那些生活里,既可以说是平平常常,又可以称得上惊心动魄,既有酸甜苦辣,又有喜怒哀乐,但无论如何,六十年过去之后,她重新读着这些故事,回想从前,竟然只觉得撕心裂肺的难过。沈从文爱上她,娶了她,真的是如他所说的幸运至极,还是一种深重的不幸,她不得而知,更自觉无法真正理解他,或许后来理解了一些,但未真正懂得,直到现在为他整理这些稿件,重新细细品味他为她留下的这些文字的时候,她方才真正看清楚这个与她共度一生的男人。他的一生原是承受了多少痛苦和压力,为人又是多么的正直善良,这些她过去从未知道和明白的一切,如今终于知道了。只可惜,她明白得太晚了,没有能够在他的有生之年更多地欣赏他、帮助他,反而和他闹了那么多的矛盾和不快,白白浪费了大好的时光。如今,佳作已经整理完毕,作为一个优秀的作家,能让他有这样几部伟大的作品流传于世,她也总算是为他和读者们尽了自己的一点点心意,此生无憾了。

2003年2月16日,张兆和终于放心地追随沈从文而去了。同年五月,家人将张兆和的骨灰从北京移葬到了凤凰县听涛山沈从文的墓地。这对伉俪,在湘西的青山绿水间终于团聚了。

徐志摩在《再别康桥》里写道:

"……

悄悄的我走了,

正如我悄悄的来;

我挥一挥衣袖,

不带走一片云彩。"

沈从文走了,张兆和也走了,他们温柔地道别了这个世界,徒留才子佳人的故事在世间传唱。

后记

第一次知道沈老，是从初中语文课本里那篇《云南的歌会》开始的，当时我还只是小孩子，却仍被沈老那美丽的文字迷得如痴如醉："马上一面欣赏土坎边的粉蓝色报春花，在轻和微风里不住点头，总令人疑心那个蓝色竟像是有意摹仿天空而成的；一面就听各种山鸟呼朋唤侣，和身边前后三三五五赶马女孩子唱的各种本地悦耳好听的山歌。有时面前三五步路旁边，忽然出现个花茸茸的戴胜鸟，蠢起头顶花冠，瞪着个油亮亮的眼睛，好像对于唱歌也发生了兴趣，经赶马女孩子一喝，才扑着翅膀掠地飞去……"读着这些娴静而又生动的文字，我记住了他的名字——沈从文。

　　第二次接触沈老是在高中，当时语文老师在班里给我们放1992年上映的电影《边城》，由戴呐饰演翠翠。电影里的她，圆圆的脸，一条乌黑油亮的长麻花辫，当真就是沈老笔下那个"触目为青山绿水，一对眸子清明如水晶"的女孩子。我记得当时是晚上，教室外面在下着雨，电影里演到爷爷去世的时候也是大雨倾盆，掩盖着翠翠孤独的哭泣声。我默默地坐在教室里盯着

后记

屏幕上的翠翠，耳朵里是两处混杂的雨声，心里感受到一种莫名的美，一种莫名的悲伤。直到后来把《边城》读了好几遍之后，我才明白那种感觉就是沈老说的"美丽的总是愁人的"。当时我想，能够写出这样一部绝美而凄凉的作品的人，定然也是一位极善良而柔软的人吧，此后对于沈老的印象也一直大致停留在这个层面上。

但中间有过一次对于沈老的误会，是从知道张兆和开始的。我是先知道沈从文如何追求的张兆和，后来才读了他写给张兆和的"情书"的，所以一开始，总觉得他追求张的方式有些"耍无赖""死缠烂打""小男人"等意味，令人生厌，更好奇张兆和怎么还会突然接受这样的一种追求，直到我读到他写给张的那一封封美丽的信，方才释然和明白了许多。"我行过许多地方的桥，看过许多次数的云，喝过许多种类的酒，却只爱过一个正当最好年龄的人""我就这样一面看水一面想你。我快乐，我想应同你一起快乐；我闷，就想你在我必可以不闷……这只手既然离开了你，也只有这么来折磨它了""一切过去的种种，它的结局皆在把我推到你的身边和心边，你的一切过去也皆把我拉近你的身边和心边"……他或许爱得卑微，但这份爱却足够的天真和澄澈，正如故事的女主人公张兆和所言："自己到如此地步，还处处为人着想，我虽不觉得他可爱，但这一片心肠总是可怜可敬的了。"

当然这些都算不上真正地了解沈老，真正的了解是从准备和下笔写这本书开始的。张抗抗曾经写下一句名言："没有走进就没有评说。"我也是在真正读所有传记、史料、作品，走访了很多当事人，将他的故事和文字反复咀嚼之后，才真正明白张充和为他写下的那副"星斗其文，赤子其人"的挽联背后的深刻与懂得。

这个从古老的湘西走出来的将门之子，这个独自离家投身行伍的瘦弱少年，这个坚强执着为了梦想敢于孤身闯北平的文艺青年，这个为了爱而甘愿低到尘埃里，为爱而写下那些动人的文字的男人，这个一生赤诚，对家乡和祖国都有着无限热忱和希望的作家，这个屡屡遭受挫折和误解，一生吃尽苦头仍对人悲悯的乡下人，沈从文，他的一生就像一部传奇，给我们后人留下了太多太多的美好和启示。我用我笨拙的笔，为你写下这本传记，只愿这世界能记住你这个善良的人，只愿固执的你能被这个世界懂得并温柔以待。

你是中国现代文学史上最动人的一支笔，是永远的凤凰之子，也是我们永远怀念的水边诗人。